图说

王连文 著

走遍西藏

四川人民出版社

图书在版编目（CIP）数据

走遍西藏 / 王连文著 . -- 成都：四川人民出版社，

2019.1

（图说天下 . 国家地理系列）

ISBN 978-7-220-10922-5

Ⅰ . ①走… Ⅱ . ①王… Ⅲ . ①旅游指南—西藏 Ⅳ .

① K928.975

中国版本图书馆 CIP 数据核字（2018）第 181324 号

ZOU BIAN XIZANG

走遍西藏

王连文 著

责任编辑	章　涛
实习编辑	曹　娜
封面设计	何　琳
版式设计	刘晓东
责任印制	李　剑

出版发行	四川人民出版社（成都市槐树街 2 号）
网　　址	http://www.scpph.com
E-mail	scrmcbs@sina.com
新浪微博	@ 四川人民出版社
微信公众号	四川人民出版社
发行部业务电话	（028）86259624 86259453
防盗版举报电话	（028）86259624
照　　排	E视觉图书
印　　刷	艺堂印刷（天津）有限公司
成品尺寸	170mm×240mm
印　　张	12
字　　数	202 千字
版　　次	2019 年 1 月第 1 版
印　　次	2019 年 1 月第 1 次印刷
书　　号	ISBN 978-7-220-10922-5
定　　价	29.90 元

前言 Foreword

如果来过西藏，这片土地会令你魂牵梦绕；如果没有来过西藏，这片土地会令你一心向往；如果正行走在西藏，那么你便行走在天堂之旁。

神秘而辽远的西藏从古至今流传着许多传说与梦想。这里有绵延千年的唐蕃古道，有世界屋脊青藏高原，有屋脊之巅珠穆朗玛，有晶莹澄澈的美丽湖泊，有独具

韵味的西藏风情……她就像一处散发着无限魅力的神圣殿堂，每年都吸引着大批海内外游客不辞辛苦地远道而来，只为进行一场虔诚的观礼与膜拜。

如果用一个词来形容西藏与整片青藏高原的地理风貌，最贴切的可能是"世界屋脊"四个字。这片全世界最高的高原于3000万年前由印度洋板块与亚欧板块相撞时诞生，至今仍以每年几厘米的速度继续生长。这里有高峻雄伟的山峰，有源远流长的江河，有广袤无垠的草原，有繁盛茂密的林木，有陡峭险峻的峡谷，有静谧幽深的湖泊，有晶莹剔透的冰川……也许神山与圣水便是通向天堂的必经之路？也许天堂之旁便是这般模样？

西藏之美说不尽道不完，这片美丽而高贵的土地牵挂着无数世人的心，很多人将其视作抚慰灵魂、净化心灵的栖息地。在他们眼里，位于世界屋脊之上的西藏最接近天堂，它所拥有的山山水水已是天堂的后花园。只要心怀虔诚，只要心无杂念——无论是谁，行走在这片土地，便如同行走在天堂之旁。

《走遍西藏》，这是一部带着你行走西藏的读物，是一部让你能够完成自己心愿的旅行笔记。文字很简练，但是关注你的体验；图片很精美，带你进入别样的时空。简单、简洁、简练，让你去慢慢体验，这就是本书要告诉你的西藏。

目录 contents

Chapter 03　**山南**——西藏古文明的发祥地

Chapter 01

On the Road
拉萨

——雪域高原日光城

拉萨旅游区是许多旅游者心目中的圣地，它东邻林芝市，西连日喀则市，北接那曲地区，南与山南地区交界，是西藏最具魅力的旅游地区。该区中心城市拉萨为西藏自治区首府，既是西藏的政治、经济、文化、宗教、交通中心，也是一座具有1300多年历史的高原古城。据说，当年文成公主刚刚进藏时，拉萨城区还是一片荒草沙滩，后来随着大昭寺、小昭寺的兴建，许多旅店、民居纷纷出现，加之布达拉宫的日渐盛起，这座古城与周边地区方才声名鹊起。现在，以拉萨为中心的旅游区因为风光秀美景色奇绝，再加上气候温和，已成为中外游客进入西藏旅游的首选之地。

拉萨旅游区之 "世界屋脊" 上的明珠——布达拉宫

"布达拉" 为梵语，常译作 "普陀罗"，本意是指观世音菩萨的居住之岛，后来引申为佛教圣地。布达拉宫俗称 "第二普陀山"，坐落于西藏自治区拉萨市中心的红山上，占地总面积为41万平方米，建筑总面积为13万多平方米。其主楼高约117.2米，容纳了宫殿、灵塔殿、佛殿、经堂、僧舍、庭院等多个小型建筑，是当今世界上海拔最高、规模最大的宫殿式建筑群，被誉为 "世界屋脊上的一颗明珠"。

这座宏伟的宫殿始建于公元7世纪。当时，松赞干布为娶大唐的文成公主，在红山上修筑王宫，称为红山宫。吐蕃王朝解体后，红山宫逐渐废弃。到了公元1645年，五世达赖喇嘛阿旺洛桑嘉措在红山宫原址上又修筑了布达拉宫。布达拉宫的主要建筑分为红宫与白宫，红宫

布达拉宫

"世界屋脊" 上的明珠，拉萨的圣地，朝圣者的心路归宿。那斑驳的大门，峻拔的石阶，留下的是历史的沧桑，岁月的烙印。

居中，白宫横贯两翼，红宫有历代达赖喇嘛的灵塔和各类佛堂、经堂，白宫是历代达赖喇嘛处理政务和生活居住的地方。白宫主殿为东大殿，宽25.8米，长27.8米，坐北朝南，如有重大庆典活动通常都在这里举行。

布达拉宫的绘画艺术非常出色，最有名的当属西大殿壁画。这里共有壁画698幅，题材涉及历史人物、宗教神话、佛经故事等，还有民俗、体育、建筑等各方面，有的以单幅表现，有的以横卷形式将画面连缀起来。其中，最富有藏族特色的就是画在绢布或纸上，再用绸缎缝制装裱的唐卡，其绘画内容主要为宗教人物、宗教历史事件、教义，也涉及西藏天文历算、藏医藏药等题材。

龙王潭

龙王潭也称龙王塘，在藏语中称为"鲁康"，这座著名的园林建筑位于布达拉宫山后。据史料记载，五世达赖喇嘛时期，在修建布达拉宫白宫和第巴·桑结嘉措所筑布达拉宫红宫与经房僧舍时，因从山脚下大量取土而在此地形成了一处大水潭。后来，六世达赖喇嘛仓央嘉措从墨竹工卡迎请墨竹赛钦和八龙，并在水中修建了三层八角琉璃亭，故而得名龙王潭。1791年以后，八世达赖喇嘛强白嘉措对龙王

➕ 小贴士

·唐卡·

唐卡也叫唐嘎、唐喀，是在松赞干布时期兴起的一种古老的绘画艺术，即用彩缎装裱而成的卷轴画。这种卷轴画先绘于布或纸上，而后用绸缎缝制装裱，上端横轴系有细绳便于悬挂，下轴两端饰有精美轴头，画面上覆有薄丝绢及双条彩带。唐卡的绘画题材与内容非常广泛，涉及藏族的历史、政治、宗教、文化和社会生活等各方面。唐卡用料亦极为考究，选用颜料全为天然的矿植物原料，色泽非常艳丽，经久不退。而且，除了布料与纸质唐卡外，还有许多刺绣、织锦、缂丝和贴花等织物唐卡，甚至有用金丝穿缀珠玉宝石而成的罕世宝物。

龙王潭映衬下的布达拉宫

蓝天碧水，水天一色，布达拉宫在这一刻如一朵白莲，越发显得圣洁。

布达拉宫前的白塔

远处的布达拉，近处的白塔，相互呼应，向世人倾诉着这块佛教圣地的往事。

潭进行了一番较为彻底的整修，将保法大天王和宝瓶坛城供奉于此，还在潭水西南80多米处的岸边修建了四头大象的象房，取名为"圆满乐园"。现在的龙王潭在几经修葺后，已经成为拉萨第一座大型公园。

龙王潭整座建筑依山而筑，周边围墙呈不规则的多边形。这座大型园林东西长610米，南北最宽处为303米，最窄处为20.5米，东西两端各建有一处大门。位于园林中部的潭水大体呈长方形，水中有座小小的孤岛，孤岛上建有一座坐北朝南的三层楼阁。第一层楼阁平面为全对称的十字形布局结构，主要由回楼大殿、小殿与一周回廊组成。第二层和第三层的建筑结构相同，建有佛堂与一周回廊。楼阁最顶端为六角形圆木结构建筑，四方檐角各套有一个铜制龙头，龙头下悬吊着一只铜

铃。当微风吹过，铜铃叮叮咚咚发出清脆悦耳的响声，水面亦泛起粼粼清波，让人心生清凉之意。

龙王潭南大门内有两座碑亭，右侧碑亭里置有《御制平定西藏碑》，左侧碑亭里置有《御制十全记碑》。两碑皆为石质，由碑首、碑身、碑座三部分组成。《御制平定西藏碑》高3.74米，上面刻有藏汉满三种文字，记载了清康熙六十年（1721）平定蒙古准噶尔部侵扰西藏的历史。《御制十全记碑》高4.22米，记载了清乾隆五十七年（1792）清兵在福康安率领下驱逐廓尔喀侵略军出境的历史。

拉萨旅游区之

藏传佛教的百科全书——大昭寺

大昭寺位于拉萨市老城区的中心位置，它在藏语中被称为"祖拉康""觉

康"，即"佛殿"之意。曾有人说："没有去过大昭寺，就等于没有去过拉萨。"可见大昭寺在藏族人民心中的神圣地位。这座寺院始建于647年，由松赞干布为纪念来自泥婆罗，也就是今天尼泊尔的尺尊公主入藏而建，距今已有1360多年的历史。后来经过历代的修缮扩建，大昭寺现在的占地面积已达到了25100多平方米。

🏠 **大昭寺**
金碧辉煌的大殿在蓝天白云下显得如此庄严肃穆，大昭寺的神圣可见一斑。

大昭寺内部建有20多个殿堂，其主殿坐东面西，高为四层，两侧列有配殿。主殿正中供奉文成公主从长安带来的释迦牟尼12岁时等身镀金铜像，两侧配殿则供奉松赞干布、文成公主、尺尊公主等塑像。这座西藏现存最古老的土木结构建筑融合了多种建筑风格，比如主殿顶端为镏金铜瓦顶，具有明显的唐代汉族风格，碉楼、雕梁则为西藏样式，主殿二、三层檐下排列成行的103个木雕伏兽和人面狮身，又呈现出尼泊尔和印度的风格特点。

西藏的寺院多数归属于某一藏传佛教教派，而大昭寺则是各教派共尊的神圣寺院。大昭寺里的其他佛殿有释迦牟尼殿、宗喀巴大师殿、松赞干布殿、班丹拉姆殿、神羊热姆杰姆殿、藏王殿等。在这些佛殿中，随处可见各种美轮美奂的木雕与壁画，此外，这里还收藏着长近千米的藏式壁画《文成公主进藏图》和《大昭寺修建图》，另有两幅明代刺绣的护法神唐卡，它们都是藏族文化中不可多得的艺术珍品。

 小贴士

藏族人民流传有"先有大昭寺，后有拉萨城"的说法，因为大昭寺在拉萨市不仅在地理位置上具有中心地位，在社会生活层面上也处于中心点。环大昭寺内中心的释迦牟尼佛殿一圈称为"囊廓"，环大昭寺外墙一圈称为"八廓"，大昭寺外辐射出的街道叫"八廓街"，即八角街。以大昭寺为中心，将布达拉宫、药王山、小昭寺包括进来的一大圈称为"林廓"。这从内到外的三个环形，便是藏民们行转经仪式的路线。

时光悠然的圣路——八廓街

拉萨旅游区 之

八廓街也叫八角街，距今已有1300多年的历史。7世纪时，松赞干布在下令修建大昭寺时，同时在湖边修建了四座宫殿，并与嫔妃、臣民们移居宫殿亲自监督大昭寺工程的进展，这四座宫殿就是八廓街最早的建筑。随着大昭寺的日渐兴盛，朝拜者日益增多，寺庙周围被踏出一条环绕大昭寺的小径，这就是最初的八廓街转经道，藏族人民称其为"圣路"。后来，为了解决朝拜者与往来商贩的住宿问题，周围又陆续建起了18座家族式建筑。15世纪以后，大昭寺达至鼎盛之时，一些诸如僧人宿舍、宗教学校、小寺庙、民居、店铺、旅馆、手工作坊等小型建筑亦纷纷兴起。

近年来，拉萨市经过整体建设与改造，已将现在的八廓街扩展为环绕大昭寺周围的大片老街区，并由八廓东街、八廓西街、八廓南街和八廓北街组成了多边形街道环，周长1000余米，街内岔道较多，共有街巷35调。八廓街大多数建筑都为白色，显得东南角一座黄色两层小楼尤为醒目，据说这幢小楼是六世达赖喇嘛仓央嘉措驻足休息的密宫。仓央嘉措是一位才华横溢的浪漫主义诗人，他曾在这里写下优美的诗句："在那东方山顶，升起皎洁月亮，玛吉阿米的面容，渐渐浮现心上。"

转经的老人

来到八廓街，不亲手去虔诚地转动那刻着真言的转经筒，那八廓街就算是白来了。满面沧桑的藏族老人在抚摸转经筒的那一刻，从心中到脸上，无处不见那种虔诚。

 小贴士

逛八廓街要按照顺时针方向，街上随处可见虔诚的藏族人民转着转经筒，或磕着长头。街道两旁是琳琅满目的民族工艺品、纪念品等，购物时可以还价。在八廓街拐角的位置，有座二层的玛吉阿米酒吧。酒吧里面的酸奶蛋糕味道不错。夜晚的八廓街全然没有白天的繁华和世俗，还原了本来的静谧圣洁。街角白色的高大香炉里面弥漫着燃烧的松柏枝的味道，墙壁上的图案在月色下幻化出几分绚丽和诡异的色彩。

作为一条有名的历史文化街区，八廓街在全国范围内独具魅力。这里的街道由手工打磨的石块铺成，旁边保留有老式藏房建筑，街心摆放着一座巨型香炉，终日烟火缭绕。在街道两旁，分布着300多家商铺，经营着铜佛、转经筒、酥油灯、唐卡绘画、藏族刀具等富有民族特色的各类商品。同时，这里还遗存着下密院、印经院、席德寺废墟、仓姑寺、小清真寺等寺庙和拉康等12座历史古迹。

文成公主的殿堂——小昭寺

小昭寺位于大昭寺北面约500米处，它通常与大昭寺并称为"拉萨二昭"。这座寺院也建于唐代，与大昭寺同期建成，

现在的占地面积约为4000平方米。小昭寺的建筑布局比较简单，主要分为前部与后部，前部为庭院，后部为神殿及其门楼、转经回廊等附属设施。

小昭寺在历史变迁中曾几遭火焚，现存的建筑大多为后世所重修，只有神殿部分还保留着原先模样。小昭寺神殿高为三层：底层分为门庭、经堂、佛殿三部分，周围是转经廊道，廊壁上绘有大量精美的壁画；第二层前部为僧舍，中部为大经堂天井，后部为两座大殿；第三层前部为达赖喇嘛的6间专用住房，后部为金顶殿。若经阳光照射，金顶殿顶层铺设的汉式金瓦会映射出一片烁烁金光，耀人眼目而蔚为壮观。有心的游客还可以从神殿柱子上镂刻的莲花、卷

作为拉萨三大寺之一的色拉寺，是众多藏传佛教信徒朝拜的圣地。

云、珠宝与六字真言等图案观察到不少吐蕃遗风。

在这座神殿里原来供奉着文成公主从长安带来的释迦牟尼12岁等身像，在大昭寺神殿里原来供奉着尼泊尔的尺尊公主从加德满都带来的释迦牟尼8岁等身像。松赞干布逝世后，文成公主下令将大昭寺和小昭寺的释迦牟尼等身佛像进行了对换。所以现在小昭寺保存的是释迦牟尼8岁等身像。除了这尊镇寺之宝外，小昭寺里还有许多其他珍贵的文物，如高约2米的铜菩萨、高约1.55米的莲花生铜像与高约1.33米的仕女铜像等，这些都非常值得游客们前去参观。

色拉寺

拉萨旅游区

色拉寺全称"色拉大乘洲"，位于拉萨市北郊3000米处的色拉乌孜山麓。"色拉"在藏语中指"野玫瑰"，传说在建寺时附近开满了野玫瑰花，故而取名色拉寺。这座寺庙由宗喀巴的弟子释迦也失在公元1419年动工，建成于公元1434年，它与哲蚌寺、甘丹寺合称拉萨三大寺，是其中建成时间最晚的一座寺庙。色拉寺的主要建筑有措钦大殿与麦巴扎仓、吉扎仓、阿巴扎仓三座僧院及周边29个康村等，占地面积约为11万平方米。

该寺保存着许多珍贵的文化古迹，比较著名的有500多年历史的释迦也失彩色丝像，放置在措钦大殿的200余件全用金汁抄写的《甘珠尔》《丹珠尔》经书，还有护法神殿里的马头明王金刚像，以及几万件来自国内外的佛经、佛像、法器、僧衣、绮帛、金银器等。在措钦大殿和各扎仓的经堂四壁上，尚留存着大量精美而珍贵的彩色壁画原作。

色拉寺虽然规模比不上哲蚌寺，但这里的辩经活动最为有名。"辩经"在藏语中称为"村尼作巴"，即"法相"之意，是藏传佛教喇嘛攻读显宗经典的一种必经方式，大多在寺院里的空旷处或树荫下进行。色拉寺里专门辟有一座辩经园，一般

 远眺色拉寺

在每周三下午3点以后，汇聚在此的寺内僧人们或坐或站，开始一场激烈的辩经活动，游客们可以随意观看。色拉寺不远处即是神秘的天葬台，前往天葬台的路况较差，就是能够到达也有可能被拒绝入内，一心前往的游客需仔细考虑。

米聚之寺——哲蚌寺

哲蚌寺位于拉萨市西郊约10千米的根培乌孜山南坡，由宗喀巴的弟子降央曲吉·扎西贝丹于公元1416年创建，建筑面积约为20万平方米。远远观望这座规模宏大的寺院，那层层叠叠的白色建筑群落鳞次栉比，铺满周围黑色的山岩，犹如巨大的米堆捧落在此，所以取名

✚ 小贴士

·色拉崩钦·

色拉寺有一个盛大的节日叫"色拉崩钦"，是色拉寺独有的金刚杵加持节。据传在15世纪末，由印度传来一个金刚杵，人称飞来杵，后由结巴扎仓堪布于藏历十二月二十七日迎入丹增护法神殿中供奉。过去，按习惯每到藏历十二月二十七日清晨，结巴扎仓的"执法者"骑上快马将金刚杵送往布达拉宫呈给达赖喇嘛，达赖喇嘛对金刚杵加持后，再快马送回色拉寺。这时，结巴扎仓堪布升座，手持金刚杵给全寺僧众及前来朝拜的信众击头加持，以表佛、菩萨及护法神的护佑。每年这天来色拉寺祷告待击头加持的信徒数以万计。

哲蚌寺里的僧人

传统的藏传佛教建筑，门廊下打电话的僧人，这一刻传统和现代在这里交集，不变的是那份圣洁和宁静。

哲蚌寺。"哲蚌"在藏语中即指"雪白的大米高高堆聚"，简称为"米聚"或"积米"，其象征着繁荣兴盛。

哲蚌寺的主要建筑有措钦大殿、噶丹颇章、密宗院、洛赛林院、郭芒院与德阳院等。其中最引人瞩目的措钦大殿占地面积将近4500平方米，殿前是一片宽阔的石铺广场，走过17级宽广的石阶，穿过8根列柱的明廊后，便会来到大殿里的经堂。经堂内部的装饰非常华丽，供奉着多尊佛像，周边矗立着183根列柱。据说，哲蚌寺在破土动工前，宗喀巴从"廓布山法库"掘出一只右旋法螺赠予弟子扎西贝丹，预祝他建寺成功，现在这只右旋法螺就珍藏在措钦大殿里。在大殿东边，还有一处半地下的小山洞"让迥玛"，只能容一个人进出。据说这里是宗喀巴静修之地，所以也可算作哲蚌寺最早的建筑。此外，在措钦大殿里还保存着若干灵塔与释迦牟尼的百行转图、人间形成图、生死轮回图，以及许多精美的壁画作品。

 小贴士

　　哲蚌寺最大的节庆活动是"哲蚌雪顿节"。在藏语中，"雪"指"酸奶"，"顿"指"吃、宴"，连起来就是"酸奶宴"的意思。每年雪顿节期间，哲蚌寺都会举行极为隆重的展佛仪式。当天，该寺僧人们会在根培乌孜山上挂出一幅高约30米，宽约20米的释迦牟尼巨大画像，来供人们瞻仰，接下来还会举行一些精彩的藏戏表演活动。因为有晒佛活动与藏戏表演，所以"哲蚌雪顿节"也叫"晒佛节""藏戏节"。

🚩 乃琼寺山门

乃琼寺

乃琼寺位于哲蚌寺的山坡下，是哲蚌寺的属寺。在藏语中，"乃"指"地方"，"琼"指"小"，合起来即指哲蚌寺下的一个"小地方"。乃琼寺确实小，它建在村居之间，是个小而简单的四方院落，看上去并不起眼，但这座小小的寺院却是西藏历史上极为有名的佛教高等学府。

传说，在公元8世纪时，凶恶的乃琼多吉札丹被莲花生大师降伏，变成藏传佛教中的护法神之一，所以这座寺院至今流传着一种庄严而神秘的降神宗教仪式，也正是因为此种缘由，乃琼寺又被称为"乃琼护法神殿"。细心的游客可以发现，寺院长廊里的许多壁画内容都与护法、降魔、地狱与苦难相关，比如大殿前门的屋顶上、列柱上都绘有护法降魔的蛇等图腾。

乃琼寺后方空地上挂满了色彩鲜艳的经幡。再往后走去，可以看见在哲蚌寺和乃琼寺的中间地带，立有数座巨大的玛尼石堆，石堆上遍布着刻满六字真言的玛尼石和佛像，那全是虔诚的朝拜者途经此地所留。

药王山

药王山位于拉萨市布达拉宫右侧，海拔约3725米。许多藏族人民把药王山也叫作"夹波日"，意即"山角之山"。17世纪末期，第巴·桑结嘉措在山上建起一座"门巴扎仓"，也就是医药院，并从各寺选拔了部分僧人来此学习医药知识。因为这里供有蓝宝石的药王佛像，所以汉族人民把它称为药王庙与药王山。

药王山东面的陡峭山腰间建有一座拉萨地区罕见的石窟寺庙，人们把它叫作"查拉鲁普"。查拉鲁普开凿于松赞干布

🚩 药王山

 药王山的壁画

在通往药王山的岩壁
上，藏传佛教的艺术家
们绘制了大量的佛教壁
画和书写了大量的佛教
真言，浓郁的色彩，精
准的笔触，展现着对佛
的虔诚。

时期，经过1000多年的岁月变迁与几度兴衰，至今仍然保存得
完好无损。据说，处于它顶部的山崖便是文成公主思念家乡时
向东方朝拜的地方。从上方看去，这处石窟寺庙整体呈现不规
则的长方形，面积约27平方米，洞口置有一根中心柱。进入里
面可以发现，中心柱与洞壁之间是狭窄的转经廊道，岩壁上有
69尊石刻造像，北面石壁上有松赞干布与文成公主、尺尊公主
以及重臣吞米桑布扎、禄东赞的造像。石窟洞内的光线极为昏
暗，全靠几盏微弱的酥油灯照明。

💡 **小贴士**

    药王山上是拍摄布达拉宫最好的角度，尤其是半山腰的位置。药王山后面有拉
萨十分著名的万佛墙，附近有很多刻玛尼石的人家，从西藏旅游局东面的一条小路一
直往南走就能找到。冬季的药王山景色格外不同，绝对值得一去。山脚下的甘珠尔经
塔由整部《甘珠尔》经书构成，很多刻经人并不识字，对他们来讲，刻经更是一种修
行，长年累月地一点一点将经文刻在石头上，围着经塔转一圈即可功德无量。

拉萨旅游区之 关帝庙

　　在药王山北面、布达拉宫西面约1000米处，有座名为巴玛热的小山，状似磨盘，清朝时期的驻藏官员将这里称为磨盘山。1792年，清朝大将军福康安在磨盘山顶端主持修建了一座关帝庙。

　　"关帝"本是备受中原文化推崇的一位神灵，与西藏文化毫不相关，为何会出现在拉萨？这里面有一段历史渊源。位于现在尼泊尔境内的一支民族军队廓尔喀在1788年与1792年两次武装入侵西藏，大肆抢掠金银宝物、粮食畜类，给西藏地区造成了极为严重的经济损失，清朝政府派出大将军福康安率军入藏，击退了廓尔喀军队。当清军回师拉萨休整时，感慨在非常恶劣的环境中能打败骁勇的廓尔喀军队，一定是因为得到了关帝的暗中护佑。于是，福康安指挥清军士兵在拉萨城建起一座关帝庙，但建成后大将军又认为地势不够理想，在磨盘山上建起了另一座关帝庙。后来，拉萨城关帝庙被毁，只剩下了今天的磨盘山关帝庙。

　　磨盘山关帝庙被藏族人民称为"格萨拉康"，即格萨神庙。它的建筑面积约有800平方米，分为正殿和文殊殿，正殿里有关羽、张飞的泥塑像。关羽像手持大刀，身材魁梧，庄严威武，保留着一贯的汉族风格，但张飞像却模仿了藏族英雄格萨尔王的形象，已被完全"藏化"。文殊殿里则供奉着文殊菩萨，立有金刚像与千手观音像。

拉萨旅游区之 麦如寺

　　麦如寺位于拉萨市内，也被称为"麦如扎仓""第柱拉章"。这座寺院占地面积约为9000平方米，由吐蕃赞普赤热巴巾于公元817年建成。赤热巴巾是吐蕃时期著名的"三大法王"之一，他18岁时即在大昭寺周围主

🚩 通往关帝庙山路上的经幡

🚩 磨盘山关帝庙

关帝庙的大门里面有一块《磨盘山新建关帝庙碑》，记述了建庙缘起和过程。该石碑通高3.04米，宽1.18米，厚0.29米。碑额为二龙戏珠，浮雕，图案中间阴文篆刻"万年不朽"四字。碑座为长方形，长1.35米。碑身正面四边饰有云霄纹，中间为汉字楷书碑文，文体工秀。

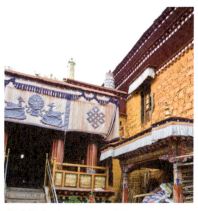

🏠 **麦如寺**

麦如寺在清代汉籍里称"木鹿寺"。据《卫藏通志》载:"大昭寺之北,小昭寺之东,楼高四层(应为三层),亦颜壮丽,经堂佛像,亦甚整齐,为西蕃僧人习经之所,西有径园,刊布三乘经文,颁行各处。"由此可见,当时麦如寺之情形。

持修建了6座小型经堂。这6座小型经堂分别是指位于东南的"噶如"和"麦如"经堂,位于南面的"噶瓦"和"噶瓦蔡"经堂,以及位于北面的"扎康"和"强康"经堂。其中的"麦如"经堂就是今天的麦如寺。

麦如寺的正中主殿是前二后三层的建筑结构,第一层为一大经堂。连接主殿大厅呈方形的为三层僧舍,整座建筑约有房屋300多间。规模宏大气势雄伟,吸引了不少远道而来的佛教信徒。在清朝年间,麦如寺曾在汉代典籍里被称为"木鹿寺",汉代典籍记载了当时的鼎盛状况。现在,这座历经千年的古老寺院已发展成为下设10座经堂的中型寺院,那10座经堂分别是指大昭寺孜姆拉康、拉萨云日拉康、门仲卓玛拉康、麦宁甲拉拉康、俄丹拉康、扎木司康门拉拉康、霞日松木拉康、衮萨日卓贡聂、强霞日松木拉康与乃久拉康。

雪域高原上的园林——罗布林卡

拉萨旅游区

"罗布林卡"的汉语意思为"宝贝公园",这座园林建筑位于拉萨市西郊,占地面积约36万平方米。它是历代达赖喇嘛的夏宫,每当夏日来临,达赖喇嘛便会从布达拉宫转移到罗布林卡来办公。罗布林卡的主体建筑包括新宫、格桑颇章、金色颇章、格桑德吉与湖心宫等,总计有374间房。

新宫是一座两层楼建筑,分为佛堂、护法神殿、修行室、经堂、会客室、卧室、洗澡间

罗布林卡格桑颇章

等40多间房屋。新宫里最引人注目的地方在于精美的室内壁画，那些壁画采用连环画的形式详细介绍了西藏的历史，如神猴变人的传说、松赞干布的生平传记、五世达赖喇嘛和十三世达赖喇嘛访问北京等，还有释迦牟尼与八大弟子图等，共计有301幅图。

格桑颇章是幢典型的三层藏式建筑，一层房间用于宗教仪式与接待宾客，二层与三层房间为达赖卧室与小经房。金色颇章由一位名叫金色坎布的富人专为十三世达赖喇嘛而建，通常也称为"金色宫殿"。格桑德吉是一座小型建筑物，内部供有释迦牟尼、观世音画像与雕塑等。湖心宫算是罗布林卡最美丽的景观，它主要包括湖心宫和龙王宫两地，达赖喇嘛常会在此举行一些会见与宴请活动。

罗布林卡不仅在西藏人造园林中是规模最大的，也是风景最佳的。这里现在已被辟为人民公园，园内古树参天，鲜花盛开，水流鸣响，果木芬芳，每年雪顿节期间，都会举行各种节日游园和度假活动，吸引了大批游客前来观赏游玩。

罗布林卡金色颇章

金色颇章，位于金色林卡西部，坐北朝南，是一座三层藏式建筑，于1922年动工修建。1926年进行了重建，由十三世达赖喇嘛土登嘉措近侍坚色·土丹公培负责设计和施工，为罗布林卡三大建筑之一。金色颇章是一坐庭院式藏式风格的建筑，建筑面积约6800平方米，一层为日光大殿，东西长22.5米，南北为18.5米，立有26根柱子。该殿以精美的雕刻著称，与布达拉宫日光殿相同，装饰非常考究，每个柱子上有精美浮雕，殿中央有达赖喇嘛的宝座，主供十三世达赖喇嘛的银像，两侧大小佛龛里供有八尊无量寿佛的铜像。

帕邦喀宫

历代达赖喇嘛转世后都必须到帕邦喀宫礼佛受戒，获得"格西"学位后也都要来这里举行庆贺仪式，因此被誉为"佛教二十四胜地之第二殊胜之地"，在藏传佛教中享有特殊的尊荣。

帕邦喀宫

拉萨旅游区

　　雍布拉康被称为西藏第一宫，帕邦喀宫便是拉萨第一宫。这座宫殿位于拉萨市北乌都日南面山坡上的一块巨大山石上，巨石突兀雄奇状若伏龟，建于其上的帕邦喀宫主体建筑巍峨矗立，如同一位降伏神龟的勇士。据此，藏族人民通常也把帕邦喀宫称为"普隆喀"，意即"巨石宫"。

　　帕邦喀宫最初由松赞干布主持建造，建成时这座宫堡高达9层，四周用铁链固定，石墙缝隙中浇铸铁水加以坚固。那时，吐蕃王朝尚无文字，松赞干布遂命在印度学习刚刚返回不久的吞米桑布扎创建文字，吞米桑布扎依令而行，使用新创文字将佛教的六字真言"唵、嘛、呢、叭、咪、吽"刻在了岩石上。公元841年，吐蕃赞普朗达玛起兵，率众焚烧九层宫堡，拆毁了松赞干布曾经下令建起的108座佛塔和所有建筑。到了11世纪，著名僧人旁多哇和扎多哇来此朝拜时，看到昔日的盛景已成一片废墟，心中痛惜之至，遂召集僧人重新建起一座两层殿堂，派人陆续修复原来的108座佛塔，并再度雕刻佛像，建起了佛殿。后来，五世达赖喇嘛在二层殿堂的基础上维修扩建，又加盖了一层，始成今日游客看到的模样。

西藏黄教首寺——甘丹寺

拉萨旅游区之

　　甘丹寺位于拉萨达孜县境内、拉萨河南岸海拔3800米的旺古尔山上，距拉萨市约57千米，由佛教大师宗喀巴于1409年主持筹建。这座寺院全称为"甘丹朗杰林"，"甘丹"在藏语中意为"兜率天"，即未来佛弥勒所教化的世界。甘丹寺依山而建，大大小小的建筑群落递次分布，规模宏大壮观。它包括50多座建筑，主要有措钦大殿、宗喀巴寝殿、羊八犍经院、宗喀巴灵塔祀殿、绛孜扎仓、夏孜扎仓与23个康村、20个米村等。

　　措钦大殿与羊八犍经院是其中的主要佛殿建筑；宗喀巴寝殿与宗喀巴灵塔祀殿是两座喇嘛建筑，前者为宗喀巴的住宿之

↳ 甘丹寺

甘丹寺是格鲁派的祖寺，与哲蚌寺、色拉寺合称拉萨"三大寺"，清世宗曾赐名为永寿寺。该寺僧侣信奉"弥勒净土"。宗喀巴的法座继承人，历世格鲁派教主甘丹赤巴即居于此寺。

每天早晨七点左右，在大昭寺广场有去甘丹寺的班车，车程大约2个小时，单程票价为10元，可在下午三点至四点时原车返回。甘丹寺门票价格为40元，参观时间大致需要两小时。因路途遥远及班车车次的原因，大都需要一整天。如果包车前往会节省些时间，但费用相对较高。

地；绛孜扎仓与夏孜扎仓是甘丹寺僧人们日常进行宗教学习的地方；其他的23个康村与20个米村是僧人们学经的基层单位和生活场所。另外，此地还建有9个辩经场，经常可以见到僧人们举行各种激烈而有趣的辩经活动。

甘丹寺里保存着不少古迹与文物。这里有90多座历代甘丹赤巴的遗体灵塔，有宗喀巴升座时的法座和圆寂时的禅床，有明永乐皇帝赠赐，由十六罗汉和四大天王等组成的整套24幅缂丝唐卡，还有清乾隆皇帝御赐的御用珍宝盔甲，有用纯金汁书写而成的藏文《大藏经》中的整套《甘珠尔》佛经等。该寺每年一度盛大而隆重的"甘丹绣唐节"，即以展示这24幅唐卡为主要内容。

上密院与下密院

上密院与下密院都是藏传佛教有名的传法场所。上密院在藏语中称为"局堆扎仓"，它位于小昭寺旁边，占地

上密院

上密院和下密院的僧人，按当时的规定只有在拉萨三大寺显宗扎仓修习毕的人才有资格进入。僧员来源有两种：一是在三大寺考取格西的僧人，称为"佐仁巴"；二是具有三大寺僧籍和少数来自其他寺庙的附读僧人，称为"吉仁巴"。这两种僧人统称"喇嘛举巴"（藏文意为"上师密宗院"），但只有佐仁巴才是喇嘛举巴的正宗。

面积约2万平方米，主要是指小昭寺前左右两边的两层楼房和东边拉萨二中占用的当年的习经场。1485年，拉萨河上游发生洪灾，高僧杰·贡嘎顿珠诚心念经

祈祷洪水快快退去，第二天洪水果真下降，当时的地方掌权人物萨温·达隆巴为奖励他治水有功，遂将小昭寺赐其作为修行场所。杰·贡嘎顿珠之前在拉萨河上游，即今天墨竹工卡县境内的塞哇垄山洞中修习教法，有了小昭寺后遂将这里作为传播基地，同时取名为"上密院"。

下密院在藏语中称为"举麦扎仓"。它位于今天拉萨市幸福路北面，占地面积为2100平方米，由宗喀巴八大弟子之一的杰尊·喜饶僧格在1433年创建。下密院主要由主殿、经堂、佛殿、辩经场、印经房等组成。主殿位于密院中央，坐北朝南，高有四层，共有房屋70多间；大经堂位于底层南部，占地面积为882平方米，中有立柱48根，可容500多位僧人在此诵经，经堂内遍布着精美壁画；佛殿面积为415平方米，里面供奉着高达10米的宗喀巴大师三徒泥塑彩绘像等；辩经场在主殿西处，中部一片露天场地，为僧人们辩经之用，周围均是回廊建筑，它的最南端是印经房。

🔵 西藏博物馆

西藏博物馆位于拉萨市罗布林卡东门外附近。该建筑物总占地面积为53959平方米，总建筑面积23508平方米，展厅面积10451平方米，其建筑外观庄严宏伟，内部装饰华丽精妙，是西藏境内第一座具有现代化功能的大型博物馆。

⌂ 下密院

下密院在拉萨老城区，藏语称"举麦扎仓"，是上密院创建人杰·贡嘎顿珠的师傅杰尊·喜饶僧格（宗喀巴八大弟子之一）于1433年创建的。寺名的上下之分，仅指弘法所在的拉萨河上、下游地区，并无高低轻重之意。

⌂ 西藏博物馆所藏藏戏面具

西藏博物馆的墙体为花岗石砌成，上端为藏式女儿墙，屋顶覆盖着彩色琉璃瓦。远远看去，顶部的碧瓦红砖与墙体的雕梁画栋交相辉映，显现出浓郁的藏式风格与现代气息。位于正门外刚劲有力的汉文馆名"西藏博物馆"五个大字由江泽民亲笔题写，藏文馆名则由《大藏经》上临摹而来。博物馆内部层楼叠阁，回廊蜿蜒，装配的先进的调温设备为绿树鲜花提供了适宜的生长温度。

这座大型博物馆内部主要分为展馆区与库区两大部分，面向中外游客免费开放的展馆区分作三层：一层多是旅游纪念品商店，二层主要是西藏历史展览，三层是唐卡、动植物、玉石等专项展览和其他临时展览。博物馆里的馆藏珍品多种多样，有各种史前文化遗物与造型奇特的神佛人像，有用金粉、银粉、珊瑚粉等手写的藏文典籍与色彩艳丽的唐卡，还有各种乐

↳ 西藏博物馆

西藏博物馆的建筑风格并不仅仅一味地传承。拉萨已有太多雷同建筑，而西藏博物馆注定成为与众不同的一个，它在保留了藏族传统建筑特点的同时，又结合了现代建筑极其实用的特性和艺术神韵，将民族外壳借由现代材料、现代房屋架构利用现代空间布局支撑起来。

器、法器、陶器与独具藏族风格的手工艺品等，令人目不暇接、叹为观止。

🚩 **西藏博物馆所藏文物**

拉萨清真寺

"卡基林卡"在藏语中的意思为"回族园林"。传说在17世纪时，有位远道而来的回民向五世达赖喇嘛请求一方落脚之地，达赖派人当空射出一箭，箭头所指之处即赐其居住，所以当地藏族居民也将"卡基林卡"称为"强达康"，意即"箭飞过的地方"。在布达拉宫以西3千米远就有这样一处"卡基林卡"，它本来是回族居民在拉萨的一个聚居之处，主要分作住宅、墓地和两座清真寺。两座清真寺分据东西两端，相隔仅有几十米，东清真寺礼拜堂呈长方形，面积约105平方米，包括15间房屋，西清真寺礼拜堂原来面积为193平方米，后来被毁，1970年时重新修建，现在面积仅68平方米。

除此之外，拉萨还有另外三座清真寺：河坝林清真寺、绕窗巷清真寺和多底清真寺。河坝林清真寺是拉萨市最大的一座清真寺，又称大清真寺。它位于市区东南，始建于18世纪中期，后来曾遭火焚，现在游客观赏到的寺院全貌均为1959年重新修建。重建后的大清真寺由山牌楼、礼拜殿、邦克楼、浴室、水房、学校、林卡等组成，整幢建筑多沿用藏式风格，如圆形拱顶、尖塔、用凿刻后的方形岩石垒砌而成的围墙，殿内亦采用蓝色作主色，用花草纹图作装饰等。它的主体建筑是那间阔大的礼拜堂，礼拜堂坐西朝东，建筑面积约285平方米，最少可容纳250人。

🚩 **拉萨小清真寺**

拉萨小清真寺，位于今拉萨市城关区河坝林即八廓街东南200米处，建于20世纪20年代。它是为了外地穆斯林做礼拜而专门建造的。建筑规模很小，礼拜堂面积只有130平方米，但是其结构形式别具一格，是一座典型的藏式建筑物。

 小贴士

西藏博物馆内珍藏的贝叶经是用生长于南亚的贝多罗树的树叶制作而成的梵文经书。由于古印度人在制作贝叶经时采用了很多独特的药物处理方法，因而贝叶经不干裂、不卷曲、不虫蛀、不霉变，不但是保存完好的稀世珍宝，也是研究早期佛教史和佛教文化难得的第一手资料。

楚布寺是历辈噶玛巴活佛驻锡之地。噶玛噶举是藏传佛教噶举派四大支系之一，因此这里也是噶举派最有代表性的寺庙。该寺于1189年由第一世噶玛巴活佛堆松钦巴始建，当年的山间小寺已经发展为一座覆盖坡谷的喇嘛城。

🏔 楚布寺一景

楚布寺

楚布寺也叫蹉卜寺，位于拉萨市堆龙德庆区西北的楚布河上游，海拔约4300米，距离拉萨市郊约70千米。该寺始建于公元1189年，距今已有800多年的历史。

楚布寺之所以名为"楚布"，目前有三种说法：一是"飞来"之意，传说该寺由印度飞来，出自民众心态的某种神话；二是根据史料记载，认为是"富裕至极"的意思；三是指埋藏起来的经文或圣物"四溢成沟"的意思。这座神秘的藏族寺庙内部分作主殿、经堂、佛堂、护法殿、佛学院、密宗修习院、活佛私邸与僧舍等，目前有常住僧人300多位。

楚布寺里保存着大量的珍稀文物。这里有江浦寺建寺碑，高约2.5米，宽约0.5米，上面刻有古代藏文，该石碑对研究吐蕃时期的政治、经济、宗教具有重要的史料价值；这里有镇寺之宝空住佛，传说这尊银像制成之后竟会自动悬浮在空中整整7天，所以得名"空住佛"；这里有高达6米的"楚布拉干"，即"楚布大佛"；这里还有十六世噶玛巴舍利子，十六世噶玛巴于1981年在国外圆寂，火化后的腿骨舍利子被带回楚布寺收藏，几年后居然自行现出约1/4厘米高的佛像。除此之外，楚布寺比较著名的古物还有玛恰噶拉石刻塑像、米拉日巴用过的钵、都松钦巴戴过的僧帽等。在寺庙周围，亦有一些知名景点，如天葬台、静修室、闭关洞与石刻心咒字样等。

杰堆寺

（拉萨旅游区）

杰堆寺也叫"杰拉康"，位于拉萨市林周县以西充堆乡的拉康村旁边。这座寺院由尚那囊·多杰旺秋在1012年创建，布局结构比较简单，大致是一座大致呈方形的封闭式庭院。

杰堆寺最具特色之处在于寺碑和造像石碑。寺碑建于1240年，下面题有藏文楷书14行227字。从碑文中可得知，当年入藏的蒙古军队曾毁掉杰堆寺，为了表达忏悔之心，这支军队将该寺重新修筑，并立下此碑以示悔意。造像石碑传说是在寺庙创建以前从印度飞来，这座石碑原来本是杰堆寺主供石像，"文化大革命"时由于寺庙被毁而埋入地下，1991年维修寺庙

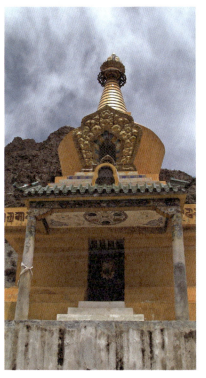

⌂ **楚布寺吉祥聚米塔**

时又重新出土。此碑通高1.38米，宽0.95米，厚0.09米，正面中央的造像为弥勒佛，上部雕有凶煞的兽面，右侧上部雕有飞天像，弥勒像下方两侧还雕有3尊神像。杰堆寺的这座造像碑因年代久远且极为罕见而被列为西藏为数不多的早期艺术品之一。

羊八井地热温泉

拉萨旅游区

在念青唐古拉山南端，海拔4300米处有一个狭长的带状盆地，盆地自东北向西南方向延伸，整体地势比较平坦，这里就是西藏有名的羊八井盆地。

从行政区域来看，羊八井盆地位于距离拉萨西北90千米的当雄县境内，这里拥有全国罕见的大规模地热温泉群，包括爆炸泉、间歇喷泉、温泉、热泉、沸泉、热水湖等，平均水温保持在47℃左右。

因为具有得天独厚的地理条件，羊八井一带建成了中国大陆开发的第一个湿蒸气田，同时也是世界上海拔最高的地热发电站。有幸来此的游客若选在清晨时分，经常可见地热产生的

羊八井地热

羊八井温泉显示区面积为15平方千米，地热活动十分强烈，有温泉、热泉、沸泉、热喷泉、硫质气孔、冒汽地面、热水湖、热水塘、热水沼泽、水热爆炸、水热蚀变、水热矿化及泉华等。地热田的浅层热储埋深20～250米，中间有数层泉胶砂砾岩。热储之上由泉胶砂岩和冰水沉积物组成盖层，厚10～20米，个别达60～80米。

巨大蒸气团从湖面上升起，而后又渐渐弥散开来，那缥缥缈缈的景象美不可言，令人恍入仙境。如果运气够好的话，还有可能见到沸腾的泉水从地底直冲高空的壮丽景象，那些奇异而瑰丽的瞬间或出现白色的气柱，或伴有刺耳的啸声，令人不由自主地心生恐惧又大呼过瘾。

因为羊八井温泉群内含有大量的硫化氢等矿物质，游客们通过浸泡洗浴可治疗多种慢性疾病。试想一下，在冬天时分，

🏳 **羊八井地热电站**

1977年9月，利用浅层热储的湿蒸气资源建成一座试验地热电站。1993年，在地热田北部钻成ZK4002井，井深2006.8米，在1500米处温度高达262.3℃；1995年又相继钻成ZK4001井，井深1459米，井口温度200℃，汽水流量达302吨/时。至2004年12月底，装机容量仍保持在25.18兆瓦，年发电量约1.097亿千瓦·时。

全身浸泡在温度适宜的泉水当中，抬眼便见到周围的壮丽雪峰，还有哪一种情境比此时更惬意呢？

镶嵌在高原上的宝镜——纳木错

藏语"纳木错"的汉语意思是"天湖"，它的蒙古语名称为"腾格里海"，也是"天湖"之意。纳木错湖距离拉萨240千米，位于念青唐古拉山主峰以北，当雄县和那曲地区班戈县之间，约有3/5的湖面属于那曲地区的班戈县，2/5的湖面属于拉萨市的当雄县。纳木错整面湖形近似长方形，东西长70多千米，南北宽30多千米，面积达1940多平方千米，湖水最大深度为33米，湖面海拔达4718米，它是世界上最高的大型湖泊，也是中国仅次于青海湖的第二大咸水湖。

纳木错最令人着迷之处是那炫目的蓝，淡蓝、浅蓝、灰蓝、宝蓝、深蓝、墨蓝，层层叠叠的蓝，深深浅浅的蓝，站在湖边，恍若置身一片蓝色水世界。在这万顷碧波中，还分布着良多岛、扎西半岛等

小贴士

羊八井在拉萨和纳木错之间，距拉萨市90千米，拉萨市东郊汽车站有多班客车前往。在羊八井的运输站或青藏公路旁，很容易找到便车及中巴客车。但是泡温泉的地方距青藏路口大约还有8千米，没有出租车，只能徒步或搭车。还可以包车先去纳木错，在回来的路上顺道前往，不过事先要同司机商量好。冬天的时候，在温泉里观赏漫天飞雪，真是说不出的浪漫惬意。

高原圣湖纳木错

纳木错迎宾石

迎宾石又被称为纳木错的门神。相传纳木错是一位女神，她掌管着藏北草原的财富，所以当商贩外出做生意时，必先来到此地祈求门神，在得到门神的同意后方可朝拜纳木错，以保生意兴隆。

五座小岛，岛上石峰陡立犬牙交错，形成各种怪异而美丽的景象。这些大大小小的岛屿中，随处可见奇特的岩洞，有的岩洞狭长如地道，有的岩洞短浅似大碗，有的岩洞自然塌陷状若天窗，有的岩洞垂悬着各类钟乳石。

纳木错周围是辽阔的湖滨平原，这片平原不仅景色出众，还是一片天然牧场。每年夏秋之时，成群结队的飞禽野兽如野鸭、野兔、黄羊、狐狸、獐子、旱獭等便会纷纷来此栖息、繁衍，形成当地的一大特色景观。冬天的纳木错又是另一番奇景，硬实的坚冰如一块巨大的天然冰毯平铺在湖面上，那凝固

的湖面如上天降落的一面玉镜，在阳光下熠熠生辉，令人目眩神迷。

热振寺

热振寺位于拉萨北面240千米的林周县唐果乡境内，这座寺院创建于1057年，至今已有900多年的历史。关于热振寺有个美妙的故事：传说，这里本是座寸草不生的荒山，后来松赞干布在此巡视时，将洗头水泼在了山坡上，同时许下祝愿。不久以后，这里便陆陆续续生长起2.5万棵苍松翠柏。

热振寺现在占地面积约为1600平方米，整座寺院呈坐北朝南之势，寺内主要建筑有措钦大殿、热振喇章等。措钦大殿的建筑面积为660多平方米，设有佛殿和经堂。大经堂主要用来进行各种佛事活动，周围建有若干小经堂，里面供奉着佛像、经卷等物。热振喇章位于大殿西面，是一幢三层楼房，第一层是仓库，第二层为普通僧人的住处，第三层为热振活佛的寝宫和经堂。它的东、西、北三面全是僧舍，呈半圆形围拢过来。

热振寺的神圣古迹很多。传说兴建主殿时，龙王献来了色玛（金柱）和宇玛（玉柱）作为殿中的主柱；寺周围有三万株千年以上的古柏，传说是仲郭巴·嘉瓦迥乃的灵树；传说观音菩萨曾在普央岗钦山修行，功成圆满后剃下的头发化为柏林，

几位小僧人在热振寺精心制作一幅"坛城"沙盘画

热振寺白塔和西藏其他寺庙的白塔并无二致，然而掩映在翠柏丛中的白塔，无疑增添了一种难以言说的圣洁。

💡 小贴士

热振寺每年有两个盛大的节日：藏历四月十五日的迎鸟节和七月十五日的帕邦唐廓节。"迎鸟节"是根据热振寺当地的气候条件决定的，每当举行杜鹃鸟供奉日时，僧人达百余人，敬献供品若干，还要举行隆重的跳神活动，以求赐福。"帕邦唐廓节"最初只是纯宗教性的转经活动，后来逐渐增添了农牧民的各类商品交换及文娱活动。届时，那里仿佛是帐篷的世界，五花八门的商品，熙熙攘攘的人群，处处都是浓烈的节日气氛。

直贡梯寺有着全藏最有名的天葬台。世界上最著名的两个天葬台，一个是印度的斯哇采天葬台，另一个就是直贡梯寺天葬台。直贡梯寺背侧的山上就是直贡坛城。传说，经过直贡梯寺活佛灌顶的人，死后灵魂可以出窍，进入三善趣境界，而不会下地狱。因而，许多人不远千里送自己的亲友来此天葬。

从不枯败；还有长形甘露泉及宗喀巴大师在寺后僧格扎浦（意为狮子岩）闭关静修著述《菩提道次第广论》的茅庐等。

这座寺院的部分建筑曾经先在地震中坍塌，后来又在"文化大革命"期间被毁，几经劫难后终于修复。在热振寺的西侧还有一处被尊为"圣道"的"帕邦当"。在藏语里"帕邦"指"巨大的石头"，"当"指"草坪、坝子"，有心的游客来到此处别忘了浏览一番。

直贡梯寺

直贡梯寺位于拉萨东部墨竹工卡县境内的雪绒河边。这座寺院由直贡巴·仁钦白于公元1179年修建，建成以后，直贡梯寺曾在1290年的教派战争中毁于战火，后来在几百年间经过几次修复与扩建，方才形成了今日规模。

这座寺庙与众不同之处有两点：第一点在于寺庙的数百间殿堂依山面水，全部建在陡峭山崖之间，远远望去犹如空中楼阁，让人感觉险象环生却又不得不叹为奇景。第二点在于天葬台，据了解，全世界有两大天葬台最为著名，一个是印度的斯哇采天葬台，另一个便是西藏的直贡梯寺天葬台，它也被称为"直贡坛城"。从寺院的正前方殿堂直直穿过，再攀上寺后的陡坡便到达天葬台。

人们都知道，分布在西藏境内的天葬

台为数不少，为何只有直贡梯寺的天葬台声名远扬？这是因为许多藏族人民深信，只有在这里进行天葬才能够让逝者得到更直接、更荣耀的升天机会，所以即使路途再过遥远，亲属们也会不远千里地将逝者遗体送到此处。幸运的游客若能到达天葬台，很可能会碰到在其他地方难得一见的天葬实景，因为在这里除了每月规定的不可天葬的日子外，几乎天天都会有遗体在排队等待。

拉萨的母亲河——拉萨河

拉萨旅游区

拉萨河发源于念青唐古拉山南麓，途经墨竹工卡县、达孜县，最后蜿蜒绕过拉萨市，在拉萨市南郊曲水县附近汇入雅鲁藏布江。

拉萨人一直把这条河视为母亲河，每逢节假日或周末时，他们都会呼朋唤友地来到河岸附近，或支起帐篷进行野炊，或甩动鱼竿钓起鱼来，还有的游人在嬉戏或沐浴。

标志性建筑拉萨河大桥，全长928.85米，最大跨度为108米，主桥桥墩设计为牦牛腿式变截面双圆柱墩，引桥桥墩设计为雪莲花式变截面圆端形墩，设计者将西藏特有的藏族风情融入现代风格中。建成后的拉萨河大桥通体白色，如一条飞舞的银龙横跨拉萨河两岸。

🐾 拉萨河

拉萨河是雅鲁藏布江最长的支流，流域面积32471平方千米，约占整个雅鲁藏布江流域面积的13.5%，最大的支流堆龙曲长137千米。拉萨河年平均径流量为60亿立方米，约为黄河的1/8。它从雪山间逶迤蜿蜒而来，一路铺陈开碧蓝如洗、旖旎柔美的身躯，宛如一条神圣纯洁的哈达，滋润着这片神奇的土地。

On the Road
日喀则
——如意美好的后藏圣地

日喀则旅游区位于青藏高原西南部，西接阿里，北靠那曲，东邻拉萨与山南，外与尼泊尔、不丹两国接壤。这片土地总面积为17.6万平方千米，国境线长约17.6万千米，平均海拔在4000米以上，气候温凉，具有明显的季风、干旱与半干旱等高原性气候，而且地形多样地貌复杂，有许多得天独厚的旅游胜景。日喀则下辖日喀则、江孜、定结、南木林、仁布、白朗、康马等18个市县，境内山峰耸立、河流纵横、湖泊广布、风光秀美，有横亘全境的喜马拉雅山脉，有流经境内的雅鲁藏布江、年楚河、汀曲河等，有金碧辉煌、殿宇毗连的众多寺庙，有遍地金黄的油菜花与绿意葱茏的青稞……每年5～7月是去日喀则旅游的最佳季节。

历代班禅的驻锡地——扎什伦布寺

扎什伦布寺是日喀则市最大的寺庙，位于日喀则市西面的尼玛山南坡上。这座寺庙由宗喀巴弟子根敦珠巴于1447年主持修建，后来又经四世班禅罗桑确吉坚赞扩建。扎什伦布寺主体建筑有措钦大殿、四大扎仓、班禅拉章、强巴大佛殿、班禅灵塔祀殿等，此外还分设60座佛堂与灵塔、62座米村等。

措钦大殿面积最大，殿内可以同时容纳2000多人诵经，殿里供奉着释迦牟尼佛像、宗喀巴师徒佛像等。殿前还有一处约500平方米的讲经场，这里常用来给班禅讲经或僧人辩经。扎什伦布寺里最引人注目的佛像是强巴佛殿中的镏金青铜强巴佛像，这座佛像高近30米，是世界上最大的室内坐像铜佛。它铸造于1914年，共用黄金279千克、铜

扎什伦布寺措钦大殿（上图）和强巴佛像（下图）

11.5万千克、珍珠300多颗、琥珀珊瑚与松耳石等名贵宝石1400多颗，仅佛像眉间就镶有特大钻石1颗、蚕豆大钻石40颗、珍珠及其他宝石60多颗，制造工艺极其精美，令人叹为观止。

扎什伦布寺里保存着众多文物。这里有许多古代藏文经典，如30多卷本的《宗喀巴传》、手写贝叶经、用金汁抄写的《甘珠尔》《丹珠尔》等，有各类珍贵的封印、佛塔、唐卡、画像等，还有明清时代的许多瓷器、珐琅器、玻璃器等，它们对研究西藏历史与宗教均有重要的价值。

纳塘寺

日喀则旅游区

纳塘寺位于日喀则市西南20千米处，由僧人冬顿洛佳札于公元1033年主持修建。纳塘寺在藏语中意即"象鼻平地寺"。关于这个名称的由来还有一段传说。据说，印度僧人阿底峡来到西藏经过此地时，问随行弟子道："山旁的平地上有什么东西？"弟子回答："那座山像大象的鼻子，平地上有块巨大的岩石，围绕着岩石有16只金黄色的蜜蜂在翩翩飞舞。"阿底峡预言："不久以后，这里就会出现一座有名的寺庙，那16只金黄色的蜜蜂是16尊者的化身，大岩石便象征着寺庙。"

✚ 小贴士

·展佛台·

位于扎什伦布寺东北部的展佛台，由一世达赖喇嘛根敦珠巴为纪念释迦牟尼诞生、成佛、涅槃而建，后经四世班禅洛桑曲吉进行了大的修建，建成于1468年。每年藏历五月十五日前后三天，扎什伦布寺要举行隆重的展佛活动，将过去佛（无量光佛）、现在佛（释迦牟尼佛）、未来佛（强巴佛）这三大幅刺绣佛像展挂在高32米，台底宽42.5米，上宽38米，厚3.5米的展佛台的向阳面壁上，僧众和信教群众要顶礼膜拜，敬上哈达，磕头祈求佛祖祛灾降吉，使人间安乐如恒。

在扎什伦布寺还有一大景观，就是众多无主的狗皆聚集于此。据说它们是放生狗，在西藏的许多寺庙都能见到放生羊、放生鸡等。

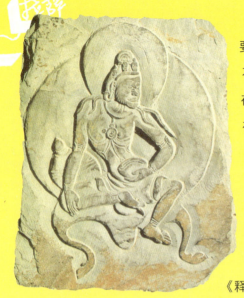

纳塘寺虽然不大，但它比扎什伦布寺还要早400多年。这座寺院建成后不久便吸引了不少高僧，如八思巴的老师钦木·朗嘎扎曾住在这里讲经说法，一世达赖喇嘛根敦珠巴也曾在这里学习佛法17年，后来直到扎什伦布寺建起，方才搬去日喀则。

让纳塘寺名声远扬的是这里的印经院。素有"西藏文库"之称的印经院于1730年建造，这里刻制印出了大量的佛经巨著，如大藏经《甘珠尔》108部、《丹珠尔》215部、《释迦百行传》等，经文上除了藏文文字外，还有精美的套色画板，实为佛教经文中的珍品。

 纳塘寺浮雕大成者半跏趺坐像

此大成者造像采用浅浮雕手法雕刻而成，呈半跏趺姿势，人物雕刻细腻传神，是纳塘寺石雕中的文物珍品之一。

纳塘寺措钦大殿旁还建有一座造型奇特的方形多角灵塔，塔内有16个小经堂，每个小经堂都供奉着佛、菩萨、护法神造像。这座寺院在"文化大革命"时期曾遭破坏，后于1987年在废墟之上又建起三座殿堂，这里现在保存了7块十六罗汉的石雕、第八任主持巨屯·门朗措在石上留下的一双脚印和《甘珠尔》《丹珠尔》印经板8800块等文物。

日喀则旅游区之 汉藏结合的建筑典范——夏鲁寺

夏鲁寺在日喀则市东南20千米处。这座寺院于公元1087年由喇嘛吉尊西绕琼乃主持修建，此地香火极盛，到

 **小贴士**

夏鲁寺里收藏着四件镇寺之宝：第一件是用108块小木板镶嵌而成的拼经板，前来朝拜的信徒都以能得到拼经板上的拓片为幸。第二件是大殿内放置的一个铜坛，据说里面装有圣水，平时用红布封口并盖上封条，每隔12年开封换水。如果谁有幸得到一杯圣水，即可洗净108种污垢。第三件是大殿门口一块盆状巨石，据说是建寺喇嘛用的洗脸盆，雨水积满后不外溢，甚为神奇。第四件是一块刻有六字真言与四座小塔的石板，僧人们视其为寺院根基。

了公元1333年时又经过大规模的重修与扩建，许多内地来的汉族工匠参与了这一工程，因此夏鲁寺同时兼有藏式殿堂与汉式屋顶，从建筑风格上明显表现出与当地其他寺院的不同。

"夏鲁"在藏语中的意思是"新生嫩叶"。有心的游客可以在环绕寺院的村庄入口处，看到有十多棵不知道已生长了多少年的粗壮柳树，每年初春时节，这些柳树便开始吐绿发芽，生出簇簇新叶，正应了夏鲁寺之名。

夏鲁寺的主要建筑有夏鲁拉康大殿与卡瓦、康清、热巴、安宗四座扎仓。大殿一层是藏式内院大经堂，二层为四座汉式殿堂，分别为前殿、正殿和左右配殿，全部覆以重檐歇山绿色琉璃顶，这是目前西藏唯一一座保留了元代汉族风格的汉藏结构寺庙。

夏鲁寺内景

夏鲁寺以藏汉结合的建筑风格闻名西藏，它是用藏式殿楼配以汉式宫殿楼阁式的琉璃砖瓦房顶，飞檐兽吻，加上木架斗拱支撑，两种不同建筑风貌融合得体，这充分显示了藏汉兄弟民族的能工巧匠们亲密的协作关系。

大殿建筑的总体面积虽然不算很大，但殿中造像之精美，壁画内容之丰富，造型艺术之精致极为罕见。在大殿经堂后侧左转回廊的墙壁上部绘满了壁画，里壁墙面画的是千佛，外壁墙面则多为佛传故事、听经图等。壁画内容非常丰富，形态生动活泼，笔法精劲有力。在画风上，壁画有很多地方吸取了尼泊尔或印度的艺术风格，但也有许多与敦煌石窟的宋元壁画相似，并且画中人物的服装、饰物、家具及建筑等有很多地方具有内地风格。这种风格的壁画在西藏的一般寺庙中比较少。

白居寺

白居寺位于江孜县东北处，距离拉萨以南230千米，距离日喀则100多千米，海拔约为3900米。这座寺庙始建于1427年，由江灵敏度法王绕丹贡桑帕和第一世班禅克珠杰共同主持修建，经过10年方才建成。"白居寺"为寺庙的汉语称呼，在藏语中它被称为"班廓德庆"，意即"吉祥轮大乐寺"，简称为"吉祥轮寺"。

白居寺吉祥多门塔

吉祥多门塔始建于1414年，用10年时间完工，消耗工日百余万。该塔高9层，高42.4米，由塔幢、覆盆、塔腹、塔基等部分组成。该塔与白居寺为13～15世纪后藏地区寺塔辉映的典范。

白居寺铜镏金强巴佛像

白居寺的主体建筑分为寺院、吉祥多门塔、扎仓和围墙四大建筑单元。寺院里的措钦大殿一层是经堂正殿，里面供奉着三世佛，两侧分列着东、西净土殿。经堂西北处有一尊高约8米的强巴佛镏金铜像，据说此像用1.4万千克黄铜铸成。二层拉基大殿经常举行全寺最高级别的拉基会议，周围是几间佛殿，其中觉登殿里有一尊直径3米的立体坛城，东厢里供奉着文殊菩萨、十八罗汉等塑像。三层是夏耶拉康佛殿，这里面比较有看点的是坛城壁画与六菱圆形的莲花藻井。

白居寺里最著名且独具特色的便是那座有着"十万佛塔"之称的白居塔。白居塔也叫菩提塔、吉祥多门塔，藏语称之为"班廓曲颠"。这座塔建有九层，高约32米，里面被分隔成77间佛殿、108个门、神龛和经堂等，它之所以被称为"十万佛塔"，是因为这里大大小小的殿堂里共绘有10多万幅佛像，而且塔里还另有上千尊泥塑、铜塑与金塑佛像，是一座名副其实的"佛像博物馆"。

在这座历经500多年风尘岁月的寺院里，保存着大量珍贵的文物，比如用金粉书写的几百卷大藏经，比如用缂丝、刺绣、织锦等缝制的100件藏戏服装，比如精美的佛像、壁画、唐卡、法器等，都是白居寺历代相传的宝物。

白居寺内的壁画

白居寺壁画中常见的背光有舟形、龛形、椭圆形和马蹄形几种，特点是造型精细、纹样丰富、讲究对称，色彩对比强烈而又和谐，色彩的运用也很丰富，感觉精美庄重，但又不至显得晦暗。

帕拉庄园

日喀则旅游区

帕拉庄园全称"帕觉拉康"，位于江孜县城西南约4千米远的班觉伦布村，是西藏大贵族帕拉家族的主庄园，也是目前西藏唯一保存完整的旧西藏三大领主贵族庄园。

帕拉家族已有400多年历史。其先辈帕拉原是不丹某部落的酋长，因不丹内乱率领族员及农奴500多人迁到了西藏，并

小贴士

白居寺门票为40元（含十万佛塔）。佛塔内大多数屋子光线很暗，为了保护壁画和雕塑，所以不要使用闪光灯，而且照片中会出现高光点，效果很不好。

取得西藏地方政府官衔，后经逐步发展壮大，渐渐跻身于西藏当时的贵族行列。到了19世纪末期，帕拉家族已在今天的江孜县、拉萨、白朗县、亚东县、山南等地区拥有37座庄园、1.5万余亩土地、12个牧场、1.4万多头牲畜与3000多名农奴，成为西藏有名的十二大贵族之一。

现在遗存下来的这座帕拉庄园原来建在江孜江嘎村，

帕拉庄园大门和内景

帕拉庄园颇为壮观，现存房屋57间，面积5357.5平方米，主体楼高三层，建筑配套完整，装修考究，设有经堂、日光室、会客厅（上接待室）、卧室，还有玩麻将的专用大厅。房内雕梁画栋，富丽堂皇。堂内雕刻、绘画、摆设等多为内地样式，可见中原文化对其有着较大的影响。

小贴士

·帕拉朗生院·

　　西藏封建农奴社会的贵族分为四种：赞普后裔、亚奚家族、第本家族，其余统称为格巴，帕觉拉康属第本家族。在庄园对面有一座农奴院，叫帕拉朗生院。朗生就是家奴，这些家奴是从帕拉所属各地庄园和属民中抢征过来的，在庄园内担任马夫、炊事员、侍卫，或从事织氆氇、织卡垫、酿酒、纺线、裁缝等繁重的劳务。庄主根据不同的工种确定每个家奴的薪水，有的每年仅有16甲克（1甲克相当于12千克）粮食，有的甚至每天只有一勺糌粑，靠这些薪水养活全家人。

📷 紫金寺远眺

而今的紫金寺早已不复往日的辉煌，除了山顶的残垣断壁，整个寺庙只有山腰那规模很小的地方。但是，即便是断壁残垣，却保留着当年抗英的历史印痕。

1904年英军入侵时被烧毁，到1937年抗英战争结束后，帕拉庄园在江孜班觉伦布村重新建起。这座历史悠久，几经沉浮的庄园现在占地面积为5357.5平方米，主体楼高3层，计有房屋57间，主要分作经堂、日光室、会客厅、卧室、麻将厅等。里面保存着经书、佛龛、餐具、进口酒、进口白醋、珍贵裘皮服饰等物品，可见当年这一家族极尽奢华的生活。

　　与奢华器具形成鲜明对比的是庄园楼道里陈列着的件件刑具，如站笼、皮鞭、镣铐、牛皮筒等，这些刑具都是为了惩罚当时的农奴，庄园里甚至还设有光线阴暗、潮湿简陋的旧监狱。不难想见，在帕拉庄园光鲜华贵的背后隐藏的是西藏农奴的斑斑血泪。

格布希庄园与紫金寺

　　格布希庄园位于紫金乡的格希村，与帕拉庄园相距很近，仅有一街之隔。它与当时的帕拉庄园都属于江孜一带势力较大的贵族庄园，只是现在格布希庄园保存得不甚完好，只剩下一间家庙，所以它的名气也远远比不上帕拉庄园。据史料考证，格布希家庙始建于1721年，当时里面供奉着许多精美的佛像与法物，经过几百年变迁，其中古物大多数已经流失。到了20世纪80年代末，附近居民们重新启用了家庙，放置了几尊新佛像，只是这些佛像比较粗糙，远远不如当年庄园兴盛时期摆放的器物。1991年，格布希家庙被移交给邻近紫金村的紫金寺管理。

紫金寺是一座古老的寺院，距今已有2000多年的历史，这座寺院最悲壮的一段历史发生在抗英战争时期。当时，英国侵略军侵入西藏，逼近江孜一带，寺院附近的僧民们武装起来，拼死保卫紫金寺。经过一场激烈的战斗，寺内拥有40根柱子的大殿、9座扎仓、9座楼房和60所僧舍全部被毁，大量文物被侵略军洗劫而去，包括从14厘米到4米之高的1000多尊铜制镀金佛像、大批金粉书写的《大藏经》与《甘珠尔》，还有唐卡、圣水碗、大小神灯与银制曼扎、铜制唢呐等各种佛事乐器等全被掠夺走。经过这场战争之后，紫金寺现在的规模已不及原来的五分之一。

江孜宗山抗英遗址

江孜宗山抗英遗址位于雅鲁藏布江支流年楚河北岸的江孜县白居寺

宗山古堡

江孜藏语意为"胜利顶峰，法王府顶"。宗山古堡遗址矗立在江孜古城中央的悬崖峭壁上，整个古堡群错落有致地雄踞山顶，海拔为4020米，在年楚河平原中央显得非常雄伟峻峭。

背山顶上，地处日喀则市东部，是1904年西藏人民英勇抗击入侵英军的地方。江孜宗山抗英遗址也叫英雄堡，这里仍然保存着100多年前西藏军民抵抗入侵英军的炮台，电影《红河谷》中的城堡即指此地。

宗山是座小山，位于白居寺后方，因为江孜附近地势低缓平坦，遂显得海拔只有100多米的宗山较为高大。在藏语中，

宗山古堡上遗留的铜炮

江孜宗山英雄纪念碑

江孜宗山英雄纪念碑耸立在宗山广场上，纪念碑的三面分别用汉语、藏语、英语书写碑名，是江孜爱国主义教育基地。

"宗"即指"城堡、要塞"。14世纪初时，也就是吐蕃王朝灭亡后的萨迦时期，土王帕巴白命人在这里依据山势，由山腰到山顶部分修建了经堂、佛殿、仓库等建筑。当时为它取名"杰卡尔孜"，意思是"殊胜之王宫"，简称"杰孜"，后来随着口碑相传，"杰孜"变音成为了"江孜"。

1904年4月，英国侵略军一支600人的队伍侵入江孜，意欲由此逼近拉萨。十三世达赖喇嘛号召全藏军民共同抵抗，他们利用宗山地势，在半山前崖上用巨石垒出一个8米宽、4米高的围墙和许多炮台，而后用土炮、土枪、刀剑、梭镖、弓箭与滚木礌石死守城堡，与英军展开了一场空前激烈的战斗。这场战斗持续了3个月，一直到当年夏天，英国援兵赶到，江孜军民们又在宗山上坚守了三天三夜，直至弹尽粮绝方才跳崖殉国。

小小一座宗山记录了先辈们的光荣历史，现在的宗山一带尚留有炮台遗址、带弹孔的残垣断壁与藏军指挥官的一处住室。西藏人民政府还在山崖底下建起了一座高大的江孜宗山英雄纪念碑，用以缅怀当年那些保卫家园的抗英英雄。

神山下的"藏地莫高窟"——萨迦寺

萨迦寺位于萨迦县奔波山上，"萨迦"在藏语中意指"灰白土"。公元1073年，吐蕃贵族昆氏家族的后裔昆·贡却杰布发现这里的山坡土质呈白色，微露光泽，遂出资建起了萨迦寺。当时寺院规模很小，结构也非常简单，后来由于这一带逐步兴盛，形成了萨迦派；萨迦派历任法王又沿着山坡不断扩建，最终形成总面积达14760平方米，由40多个建筑单元组成的这座宏大寺院。

萨迦寺大经堂

大经堂朝向东方，自中心天井上3级石阶可到大经堂前廊，面阔66.4米，进深23.3米，面积1547.12平方米。

由于历代扩建，萨迦寺建筑分布在仲曲河两岸，最初称为萨迦南寺和萨迦北寺，但北寺现在已荡然无存，南寺成为主体建筑。萨迦南寺因为有汉族工匠参与建设，很多地方都体现了古代汉族建筑风格，比如大经堂总面积为5775平方米，正殿高约10米，大厅里可容纳近万名僧人诵经，里面供奉着三世佛等像。正殿由40根1~1.5米粗细的巨大木柱支撑，位于最前排正中的四根被称为"四大名柱"，分别名为元朝皇帝柱、猛虎柱、野牛柱与黑血柱。另一座欧东仁增拉康殿堂里面有11座萨迦法王灵塔，殿内绘有当时建寺经过与西藏历史的一些壁画。从大殿出来穿过廊道到达前院，登上几十级长阶后，即可来到大殿顶层。这里的平台两侧均为长廊，廊墙上全是精美而珍贵的壁画作品。

    萨迦寺里收藏着大量的历史文物，最著名的要算经书，约有2.4万件，还有不少用金汁、银汁、朱砂或墨汁写成的梵文贝叶经和汉文经卷。这里的历史档案文件也藏量丰富，大多是萨迦派执政时期的重要文件，多达十几箱。除此之外，元代中央政府给萨迦地方官员的封诰、印玺、冠戴、服饰，以及各种佛像、法器、刺绣、供品、瓷器等均可寻见。

🐚 萨迦寺法会

萨迦寺每年举办大量法会，其中重要的有：藏历五月举办祈雨节；藏历七月举办夏季大法会，跳金刚神舞；藏历10月29日至11月23日举办冬季大法会，跳金刚神舞。金刚神舞表演时，舞者头戴萨迦寺护法神及各种灵兽面具，神舞采用简单的故事情节，反映藏传佛教密宗神舞中灭杀魔鬼的基本内容。

萨迦寺鸟瞰

🐾 **佩枯错**

当地有一种神奇的说法：佩枯错分南北两个湖面，南面是淡水湖，北面是咸水湖。从湖水的中间分开，南边湖里有鱼，北面没有，南面湖里的鱼游到北面的湖里便死掉了。所以，湖面偶见死鱼。藏族人不食鱼，南面湖里的鱼很多，大多是冷水鱼。

日喀则旅游区 **佩枯错**

佩枯错又叫拉错新错，位于日喀则市聂拉木县，正处于聂拉木县和吉隆县的交界处，距离日定县约250千米。佩枯错湖面海拔4590米，面积300平方千米，流域面积大约为2820平方千米，属于一处半咸水湖。它是藏南一处比较大的内陆湖泊，也是日喀则市最大的湖泊。

佩枯错平平舒展在高原之上，轮廓状如葫芦，与纳木错、玛旁雍错、色林错、羊卓雍错等湖相比，这面湖水确实算不了什么，但它也有独秀之处，那就是位于湖水南侧大约60千米处，就是喜马拉雅山脉著名的希夏邦马峰，再加上北面仅相隔约40千米的雅鲁藏布江，来到佩枯错的游客可能就不会感到有多么孤独了。

佩枯错的湖水源于希夏邦马峰与佩枯岗日山，

小贴士

·佩枯错之行·

去佩枯错可在拉萨租一辆"牛头"（丰田），沿拉萨—日喀则—拉孜—萨嘎—吉隆，即到湖区。如果想看希夏邦马峰可选择出萨嘎县城到加吉渡口，渡口在10:00～18:30（冬天）、9:30～19:00（夏天）营业，摆渡雅鲁藏布江每车价格30元，途中还要穿越佩枯错自然保护区，每车收费为350元。开出萨嘎后，能够清晰地看见希夏邦马峰。

湖里鱼类资源比较丰富，周边湖岸呈六级阶地状，最高一级距离湖面约70米。这处高山湖水三面环山，周围地形平坦开阔，附近常常出现藏野驴、藏羚羊、黑颈鹤、斑头雁、赤嘴鸥等青藏高原特有的珍稀动物。有幸来此的游客最好带上相机，佩枯错将带给你独具韵味的视觉享受。

樟木镇

樟木镇在藏语中也被称为"塔觉嘎布"，意为"邻近的口岸"。这座美丽的小镇位于喜马拉雅山南麓的中尼边境线上，位于日喀则市聂拉木县境内，自古以来便是茶马古道上一条重要的分支延长线。它海拔2300米，东、南、西三面均与尼泊尔接壤，距离尼泊尔首都加德满都只有90多千米。樟木镇一带气候湿润，山野苍翠，四季景色如画。附近有枝繁叶茂的高大林木，有奇伟壮丽的冰川，有几十个大大小小的秀丽

樟木镇

樟木镇是依山而建，街道拐弯很多，整个镇的房屋布置比较随意，高低错落明显，层层紧挨，全由街道和石阶相沟通。石阶很陡，走在上面提心吊胆。

湖泊，这里还生长着楠木、白玉兰、冷杉、铁杉、红松等珍贵树木，小熊猫、羚羊、獐子、长尾猴等珍稀动物也常常在此出没。

小镇总面积约70平方千米，却找不出一处平地，脚下皆是高高低低的坡地。这里的房屋全都依坡而建，高低错落层层相连，房屋之间由街道和石阶相互连通。大多数人家的屋顶还修有小花园，种植着一盆盆艳丽花卉，各种风马旗、运气树长在屋顶之上，将镇子点缀得色彩鲜艳非常美丽。在樟木镇主街道两旁，各种漂亮建筑鳞次栉比，如涉外饭店、外贸大楼、邮电大楼和藏族同胞接待办等，最吸引人的是那一排排别墅似的红砖小楼，小楼主人们通常会在一层开起自家店铺，经营着来自印度、尼泊尔的香水、化妆盒、各种线织物品，更多的是内地的儿童玩具、服装、鞋帽等百货。街道两侧行人肤色各异，除了藏族、汉族人民外，还经常可见印度人、尼泊尔人等。走到小镇街道尽头，便会看到通往尼泊尔的海关入口，再前行大约13千米即为中尼交界处的友谊桥，从这里可以直达尼泊尔首都加德满都，许多游客将此视

⤷ 樟木镇

樟木镇海拔2300米，是典型的沿盘山公路而建的山城，现代化建筑和古老的木屋交错，气候温和，海拔低，鲜花四季盛开，风景优美。

 乃宁寺松珠文化节

说到乃宁寺，不得不提到松珠文化节。松珠文化节是乃宁寺一年一度的大型宗教节日，每年藏历四月十五日至十六日举行，其中最具特色的当属"佛教跳神"和"骑马挂经幡"两项活动。

为入藏或出藏的大门。

乃宁寺

乃宁寺全称"乃宁曲德寺"，位于康马县南尼乡，它是一座在吐蕃时期由古印度僧人、莲花生弟子阿羌甲·强拜桑布主持创建的寺院。这座寺院占地面积约为6.5万平方米，其建筑按年代可划分为吐蕃时期、宗喀巴时期、19世纪时期、十三世达赖喇嘛时期的建筑。

吐蕃时期的建筑主要包括围墙、佛堂、佛塔、欧子扎仓、吉察扎仓、曲康扎仓、丁吉扎仓、额古夏扎仓、那布扎仓等。宗喀巴时期的建筑主要是宗喀巴大师在该寺传经讲学时所建，包括1座佛殿和2座扎仓。19世纪的建筑主要包括1座佛殿和7座扎仓，由拉萨下密院的堪布雄奴奥主持修建。十三世达赖喇嘛时期的建筑是指乃宁寺的大昭寺，这座寺中之寺是十三世达赖喇嘛为表彰寺内喇嘛在江孜保卫战中作出的巨大贡献而建，由经堂、佛殿与僧房组成。

来到乃宁寺的游客在门廊入口处会看到这样一段文字：1904年6月，英军入

 小贴士

1904年6月，英军为夺取乃宁寺，与藏军及寺庙喇嘛在乃宁寺乌孜大殿前发生激战。由于乃宁寺围墙坚固，上下两层楼有许多射击孔，加之藏兵把守大门，不易攻入，侵略军死伤惨重。随后，英军从东、南两方向乃宁寺发起炮击，集中兵力再次猛攻乃宁寺，用炸药把寺院围墙炸开一个缺口，涌入寺内。乃宁寺僧民虽奋勇抵抗，重挫敌军，但因寡不敌众最终全部阵亡。英军攻占乃宁寺后进行大屠杀，并将寺内文物洗劫一空，纵火焚烧了寺院。

侵西藏江孜，乃宁寺地处英军的军需供应要道。英军为夺取乃宁寺，与藏军及寺庙喇嘛在乃宁寺乌孜大殿前发生激战。寥寥几行字浓缩了一段血战史，乃宁寺之战令人难以忘怀，寺院大门上至今还残存着英国侵略军留下的三四个弹孔。为了纪念这段悲壮的历史，后人在乃宁寺的山门外不远处，立起一座巨大石碑，上面庄严地书写着"乃宁寺大血战英烈纪念碑"，以此来缅怀当年保家卫国英勇献身的烈士们。

卓木拉日雪山与多庆错

卓木拉日雪山也叫"卓姆拉里"，在藏语中意为"干城章嘉的新娘"。当地藏族人也称它为"神女峰"或"圣女峰"，认为它是传说中喜马拉雅山七仙女之一，与珠穆

多庆错畔眺望卓木拉日雪山

山顶终年积雪，白雪皑皑，随时可见神女漂亮的脸蛋和美丽的头发。雪山脚下是多庆错。在西藏古老的神话里，卓木拉日雪山和多庆错被誉为神山圣湖，当地人们路经神山时，都会献上洁白的哈达和青稞酒，以祈求保佑。

木拉日雪山山势险峻异常，至今未曾有人登顶。

在雪峰西北侧，可以寻见一片美丽的湖水，它就是与卓木拉日雪山并称"神山圣湖"的多庆错。这面湖水置身于雪山与草甸之间，海拔约3000米，是一处沿着一长列雪山形成的高山湖泊。湖水源于冰消雪融，清澈如镜湛蓝静谧，经阳光映射，自然呈现出淡蓝、深蓝、浅绿、翠绿、墨绿五色。这面五色湖水炫彩迷离，倒映着遥遥雪峰，其情其景美不言说。许多路过此地的人们都会献上一条洁白的哈达、一壶醇美的青稞酒，以祈求雪山、湖水及神灵的保佑。

强钦寺

强钦寺位于仁布县境内贡巴加布山脚下，该寺坐北朝南，海拔3800米，由喇嘛多吉僧巴钦波·雪努捷确于

朗玛算是姐妹峰。这座雪山位于亚东县帕里镇境内，距离亚东县约50千米，距离日喀则市约250千米，海拔约7400米，属于喜马拉雅山脉中段。它是早古生代地层和喜马拉雅山花岗岩所组成的断块山系形成的一处巨大的天然山口，这一带也是日喀则市独具特色的观光和探险旅游景区。

卓木拉日雪山山脉横穿亚东县中部，将这座小县城分为两种截然不同的地理风貌。雪山顶部终年积雪，峰尖突兀，山壁陡峭，其西侧在中国境内，东侧在不丹王国境内，属于不丹的第二高峰。因卓

强钦寺

强钦寺铜镏金强巴佛

强钦寺的大佛,是后藏三大强巴佛像之一,为藏族同胞所尊崇。每年都会有大量的佛教信徒来强钦寺礼拜大佛,大佛为人们赐予了幸福吉祥,保佑人们健康安乐。

1367年主持修建,距今已有600多年的历史。这座寺院建成以后,经过若干年的发展壮大,鼎盛时期曾有1座大经堂、7座殿堂,将近500名僧人在此修行。当时寺内供奉着一座13米高的铜制镀金未来佛,因未来佛在藏语中称为"强钦",故而以此命名为强钦寺。

强钦寺几经岁月侵蚀与战火的洗礼,现在已难再恢复当年盛景。1984年,政府出资修复了这座百年寺院,建起了1座大经堂、4座殿堂,现在寺内修行的僧人有39名。寺里供奉着三尊佛像与新塑的未来佛镀金铜像,这尊未来佛镀金铜像高约9米,虽然不及先前那尊高大,但也足显其恢宏壮观。

游客若能登临强钦寺附近的贡巴加布山顶，可以看到远处仁布法王的夏宫遗址。若恰好赶在每年藏历一月一日，还能看到寺里这时正举行大神变节，到了藏历七月中旬，这里亦会举行为期3天规模盛大的跳神活动。

协格尔曲德寺

日喀则旅游区之

协格尔曲德寺地处距离日喀则市约234千米的定日县境内，位于协格尔金刚山上，距定日县县城约7千米。

这座寺院未建之前，协格尔金刚山上有一处修行洞。邦·洛追登也大师与儿子在洞中修行时曾预言：将来这座山上会有讲经院。若干年过去，山顶上果然建起了宗政府和一座小寺，后来，罗达·司徒却追仁钦加以扩建，终于在1385年建起了协格尔曲德寺。协格尔曲德寺在兴盛之时，有100多位僧人来此修行，当时殿堂建有15座，供奉着一座高约9米的释迦牟尼佛镀金铜像。但在"文化大革命"期间，寺院几乎全部被毁，直到1985年才由政府出资重新修建，现在的协格尔曲德寺有4座殿堂，大殿面积52.3平方米，由6根立柱支撑，里面供奉着手持金刚佛及释迦牟尼、观世音菩萨等32尊高约0.2米的镏金铜像，在此修行的僧人大概有40位。

协格尔曲德寺附近比较有名的景观是孜布日神山，这座山从协格尔镇绵延出去约55千米，海拔约5500米。传说它从印度飞来，所以又叫"飞来山"，后来它想飞走，却被佛祖释

🚩 协格尔曲德寺赛马会

珠穆朗玛峰冰川

珠穆朗玛峰地区共有冰川548条，总面积1457.07平方千米。其中在日喀则境内的著名冰川有绒布冰川和加布拉冰川。

♪ **珠穆朗玛峰**

迦牟尼在东南西北四个方位钉下木桩，于是，这座"飞来山"就不得不在此定居了。据说山上有寺庙108座、天葬台108个、泉水108眼、溶洞108个，当地藏族人民将其视为"神山"，每年都会聚集在这里，围绕神山举行各种转山活动。

"世界之巅"——珠穆朗玛峰

高大巍峨的珠穆朗玛峰位于中国和尼泊尔交界的喜马拉雅山脉上。这座雪峰常年覆盖着冰雪，高达8844.43米，是中国最高的山峰，也是亚洲和世界第一高峰，享有"地球之巅"的美誉。

在神话传说中，珠穆朗玛峰是长寿五天女所居住的宫室，珠穆朗玛在藏语中是"大地之母"的意思，所以它又被称为圣母峰。早在1858年，印度测量局曾将负责测量喜马拉雅山脉的前任局长乔治·额菲尔士的姓氏来命名此峰，所以

它在西方也叫额菲尔士峰或艾佛勒斯峰；尼泊尔人则称它为"萨加玛塔"，意即"天空之神"。后来到了1952年，中国方将它正式命名为珠穆朗玛峰，简称珠峰。

珠峰不仅威武雄壮，气势磅礴，而且地形险峻，环境复杂。其整座山体呈巨型金字塔状，皑皑白雪遍及全身，犹如一柄寒光四射的巨型宝剑直插云霄。珠峰山脊和峭壁间分布着各型冰川，仅峰顶就有600多条冰川，面积达1600平方千米，最长的冰川达26千米。更让人称奇的是，冰川上还有千奇百怪瑰丽罕见的冰塔林，当万丈霞光映射而来，世所罕见的瑰丽冰景灿然展现。在珠峰周围20千米范围内，还有5座8000米以上的高峰，6000～7000米的山峰比比皆是，放眼周边，俨然形成了一片群峰来朝、峰头叠映的壮阔景色。

神秘而独特的珠穆朗玛，历来为科考工作者、探险家和登山家们所向往。1953年5月29日，新西兰的登山家埃德蒙·希拉里与尼泊尔向导丹增·诺尔盖，一起沿东南山脊路线首次成功征服了珠穆朗玛峰。中国登山队员也于1960年5月25日，获得了从北坡登上珠峰的殊荣。更让我们感到骄傲和自豪的是，2008年5月8日，中国登山队员成功地把圣火传递到了珠穆朗玛峰峰顶，创造了人类奥运史上的奇迹。

色彩鲜艳、绘工精湛
的绒布寺壁画

绒布寺

绒布寺全称"拉堆查绒布冬阿曲林寺"，位于
日喀则市定日县巴松乡南面珠穆朗玛峰下的绒布沟里，海拔

约5154米，是世界上海拔最高的寺庙。这座寺院分为新寺院与
旧寺院，旧寺院在新寺院南面3千米处，保存着据说是莲花生
大师当年的修行洞，以及印有莲花生手足印的石头、石塔等遗

 绒布寺

整个绒布寺依山而建，一共5层，使用的只有两层。据说当初之所以把寺庙建得这么高，主要是图这里清静，便于休息。这里信奉宁玛派。寺外白塔下的玛尼堆是当地佛教信徒们为自己祈求好运的。

迹。新寺院于1902年建成，虽然年代并不算长，但在鼎盛之时亦有十几座附属小寺，后来在历史变迁中许多属寺被毁，现在只剩下8个，其中还包括1个尼姑庵。

主寺绒布寺依据山势建有5层，主要使用的只有两层，设有1个诵经殿和1个殿堂，寺内主殿供奉着释迦牟尼、莲花生等像。现在寺院已不比往日的辉煌时期，僧人亦从最盛时的500多名降至十几名，这座寺院最引人之处在于得天独厚的地理优势，它是登山爱好者从北坡攀登珠穆朗玛峰的大本营，脚下有东绒布冰川、中绒布冰川、西绒布冰川部分泉水汇集而成的绒布河。

💡 **小贴士**

绒布寺建有30间100多个床位的旅店，设有餐厅和小卖部。条件尽管比较简陋，但每位游客都能吃到热乎乎的面条、米饭、炒菜等现做的饭菜和种种方便、罐装食品。游客如果没有高山反应，还能喝到啤酒和其他酒类，不过价格要高一些，因为这里的商品都是从千里以外的日喀则、拉萨等地运来的，有的甚至由内地长途贩运而来。

若在黄昏时分站在高处眺望远方的珠穆朗玛峰，可以看到高居于群峰之上的金色峰顶，若在天气晴朗时观望，还有机会见到山巅处漂浮着一团乳白色的烟云，这番奇景被人们称为"世界上最高的旗云"。附近地带则分布着不少雄奇瑰丽的冰川、千姿百态的冰塔林、奇险陡峻的冰桥、高达数十米的冰陡崖，还有无处不在的明暗冰裂隙和险象环生的冰崩雪崩区等。据说，因为这里地势险峻风光奇绝，曾有世界大型连锁酒店意欲进驻，但最终遭到了拒绝。

门隆则峰

门隆则峰在藏语中被称为"桥格茹"。这座雪峰位于喜马拉雅山脉东段，属于西藏定日县境内，它海拔为7175米，东部与卓奥友峰相邻，西部与赤仁玛峰相望，周围还分布着十多座海拔6000米以上的高大雪峰。

门隆则峰主峰呈角锥形，山体终年覆盖着冰雪，山势异常陡峭险峻，到处布满了冰雪溜槽。这座雪峰主要分为东北、东南、南部、西南、西北五条山脊，每条山脊锋锐如刃，中间夹杂着无数的沟谷冰坡，最大的一条主冰川是位于南部山脊的孔布热布桑冰川。在主峰西侧不远处，挺立着海拔为7022米的门隆则2峰。

虽然高度远远不及珠穆朗玛峰、洛子峰、马卡鲁峰、卓奥友峰等，但门隆则峰却始终没有登山者敢去尝试。这座雪峰的登顶路线极其险峻陡峭，而且雷电雨雪现象频繁出现，极易导致冰崩与雪崩现象，所以一直被视作登山者的禁区。1988年5月，英国登山队队员历尽千难万险，终于成功登顶门隆则2峰，但时至今日，依然没人能够突破门隆则主峰禁区。

洛子峰

洛子峰在藏语中称为"丁结协桑玛"，意指"青色美貌的仙女"。因其地处珠穆朗玛峰以南3千米，两峰之间仅隔一条山坳，即通常所说的"南坳"，所以也被认为是指"南面的山峰"。洛子峰海拔为8516米，名列世界第四高峰，若以山峰的北山脊与东南山脊为界，那么它的东侧在中国境内，西侧在尼泊尔境内。

高耸云端的门隆则峰

🏔 洛子峰

迄今为止，洛子峰西壁上只有一条成功的攀登路线，那就是1956年5月18日首登时的路线。位于西藏境内的东壁至今无人登顶。

洛子峰山势陡峻环境复杂，与珠穆朗玛相比，虽然洛子峰一带风速较低，但雨量明显高过前者，这里还时常发生剧烈的冰崩与雪崩现象，尤其在6～9月间，暴雨雪崩频繁发生，随时会激起满天雪雾，到了11月至次年2月间，此地气候会变得非常寒冷，山峰的最低温度甚至可达–60℃。每年只有3～5月与9～10月间，气候较为稳定，能出现几次较好的天气，适宜登山爱好者攀登。

为顺利登顶洛子峰，许多登山爱好者前赴后继，开辟出一条登山路线。顺着这条路线，从大本营到一号营地，处处可见瑰丽雄奇的冰碛、冰川与巨大冰体裂缝。从三号营地到四号营地间，是登山者最艰难的一段行程：一是因为雪崩时常发生，二是冰坡极陡，有些地方甚至可达85度以上。据悉，迄今为止已有300多名国外登山者永远长眠于此。正是因为此间艰险异常，当地人遂把这里形象地比喻为"虎口"。

Chapter 02

马卡鲁峰

马卡鲁峰海拔8463米，位于喜马拉雅山脉中段，是世界上排名第五位的高峰。从西北方向看去，它与珠穆朗玛峰之间的直线距离仅有24千米。沿着西北山脊与东南山脊为界，马卡鲁峰的北侧位于中国境内，南侧位于尼泊尔境内。

这座高大的雪峰终年积雪，坡谷地带中有多条巨大的冰川，一些大大小小的冰裂缝如同雪中深渊分布其中，还有些锯齿形的冰裂缝与陡崖交错分布，如同狼牙利齿般令人望而生畏。这座雪峰有西北山脊、西南山脊、东北山脊、东南山脊和北山脊五条山脊，东南山脊的卫峰较高，海拔约8010米，接下来是北山脊上的卫峰珠穆隆素峰，海拔约7816米，西北山脊的卫峰马卡鲁2峰，海拔约7640米。

马卡鲁峰的气候变幻莫测，每年6～9月间，降雨量较大，因暴雨导致的冰崩、雪崩现象异常频繁。到了11月至次年2月间，气温急剧下降，峰顶可达-60℃，风速可达90米/秒。只有在4～5月与9～10月间，才会出现几次好天气，许多登山爱好者可以选择在此时涉足马卡鲁峰。

↳ 马卡鲁峰

小贴士

1954年，法国登山队有一人登上了海拔7640米的马卡鲁2峰（1980年又有一人登上此峰）。1970年9月日本登山队有两人登上了海拔8010米的东南卫峰。1955年5月，法国登山队摩西捷列、基坦克等9人，首次沿尼泊尔境内的巴康冰川越过西北山脊鞍部，在中国境内的西北坡登上了顶峰。

拉布吉康峰

日喀则旅游区之

拉布吉康峰位于喜马拉雅山中段，在希夏邦马峰和卓奥友峰之间，是西藏聂拉木县和定日县的界山。它海拔为7367米，左右两侧分列着两座山峰，东边4千米远的是海拔7094米的东峰，西边3千米远的是海拔7072米的西峰。东峰与西峰如两位忠实的护卫者，千年如一日地守候在拉布吉康峰两侧。这三座山峰绵延远去，自然形成东部、西部、南部、北部四条尖锐的山脊，无数冰峰与冰坡、冰川、冰塔林间杂其间。那些冰峰如剑直刺，冰坡如镜明净，冰川如银泻地，冰塔林如玉晶莹，千姿百态的冰雪奇观形成拉布吉康峰最美的景色。在雪峰海拔较低处，还分布着大大小小的高山冰川湖，比较大的要属位于北麓的错朗玛湖，有幸到达这里的游客可以在此多作停留，欣赏高山湖水的美妙之景。

与喜马拉雅山脉的其他雪峰一样，拉布吉康峰一带气候

拉布吉康峰

此山是西藏著名的神山之一，被止贡噶举派奉为神山，历代的噶举派高僧都有来此修行，附近还存留了很多的修行洞及与米拉日巴有关的胜迹。

恶劣山势险峻，最好的登山季节仍然在4~5月间，其次便是10~11月间，会有比较短暂的好天气。

希夏邦马峰

在藏语中，"希夏邦马"是"气候严寒、天气恶劣多变"的意思。可以想见，以此命名的希夏邦马峰有着多么糟糕的天气。这座雪峰海拔为8012米，位于喜马拉雅山脉中段，东南方距离珠穆朗玛峰约120千米，在世界14座8000米级高峰中排名第14位，也是唯一一座完全在中国西藏境内8000米以上的著名高峰。

希夏邦马峰附近有三座海拔相差不大、距离相近的姐妹峰，分别高约8008米与7966米，距离主峰西北200米和400米处。希夏邦马峰一带分布着大面积的冰川群，这里的冰川面积约789平方千米，其中长度超过5千米的山谷冰川有26条，长度超过10千米的山谷冰川有10条。最著名的是位于日喀则境内的野博康加勒冰川和达曲冰川。野博康加勒冰川长12.5千米，里面分布着丰富多样的冰塔区。在它西部就是长13.8千米的达曲冰川。其他一些大型冰川还有富曲冰川、格牙冰川等。

因为冰川众多山势陡峻，希夏邦马峰在海拔5000~5800米之间具有最为引人入胜的冰塔林景观，这一带的冰塔林长达几千米，其中的大小冰塔姿态万千景色奇丽。若遇天气晴朗，灿烂的阳光照射下来，冰塔林区会被映射得银光闪烁，置身其间

希夏邦马峰冰川

照片上的冰川是位于中国境内的野博康加勒冰川，野博康加勒冰川位于希夏邦马峰北坡，长12.5千米，面积20.02平方千米，末端海拔5530米（雪线高6000米）。

夕阳照射下的希夏邦马峰

小贴士

从拉萨乘车沿中尼公路经过江孜、日喀则到达协格尔，行程670千米。再西行经定日门哈墩约138千米，继续西行50千米后南下，沿简易公路行20千米即可到希夏邦马峰北麓，野博康加勒冰川北侧终碛垄是海拔5114米的登山大本营。希夏邦马峰的气候特征大体上与珠穆朗玛峰相似。每年4月和5月、10月和11月，在此期间内的一个月，连续2天以上的好天气一般可能出现2~3次，3天以上的好天气一般可能出现1~2次，相隔时间为5~19天，是登山活动的好时期。

卓奥友峰

1985年5月1日北京时间17点50分，我国西藏登山队九名队员在队长仁青平措的带领下登上海拔8201米的卓奥友峰，这是西藏登山队第一次单独攀登8千米以上的高峰并取得成功，也是我国登山队首次征服卓奥友峰。

恍入仙境。站在此地远眺巍然矗立的希夏邦马峰，会另有一番无法言说的壮观之美。

卓奥友峰

在藏语中，"卓奥友"的意思是指"大尊师"，这座雪峰恰如一尊雪山之神昂然雄立于喜马拉雅山脉中段。卓奥友峰海拔为8201米，在世界上排名第六位，整座雪峰分为西北、东北、西南、东南和西侧五条主山脊，以东北山脊与西南山脊为界，卓奥友峰的北侧位于中国境内，南侧位于尼泊尔境内，东邻世界第一高峰珠穆朗玛峰约30千米，西面遥遥相对世界第十四高峰希夏邦马峰。

　　卓奥友峰最引人注目的是冰川奇景。这里的冰川发育良好，有长达10多千米的加布拉冰川、长14千米的兰巴冰川、长20多千米的格重巴冰川等，这些冰川多是山谷冰川，少部分是平顶冰川与冰斗冰川。在海拔5700米以上的峰面、加布拉冰川的中下游一带，正是冰川逐步消融的区域，这里分布着大片千姿百态、奇丽雄伟的冰塔林，有些冰塔林已渐渐消融成冰水，汇聚成一处处冰湖。由于冰湖的侵蚀与扩大，在冰塔之间又出现了无数晶莹剔透的冰沟、冰谷、冰洞与冰桥。在海拔6900～7200米之间是最为壮观的冰瀑区，这里的冰川依山而挂，如正在飞流而下的瀑布瞬间凝固，这面冰瀑布宽大洁净，如巨大的天然玉屏斜斜下插，气势雄浑景色壮观。

　　在喜马拉雅一带，登山的最好季节是春季，卓奥友峰也不例外。只有在此时，这座雄奇伟峻、严寒逼人的雪峰才会偶尔展现温情一面，允许极少数的幸运者攀高登顶，俯瞰它脚下的壮丽景色。

Chapter 03

On the Road
山南
——西藏古文明的发祥地

雍布拉康的碉楼和佛殿

山南旅游区指的是位于青藏高原冈底斯山和念青唐古拉山脉以南的雅鲁藏布江中下游横阔418千米、纵长317千米、总面积约7.9万平方千米的广大地域。著名景点集中于乃东、琼结、桑日、曲松、加查、扎朗、贡嘎、浪卡子等县，历来即有"藏南谷地"之称。它北与拉萨毗邻，西连日喀则市，东连林芝市，南与印度、不丹接壤，边境线长达630千米。

山南享有西藏历史上许多个第一：这里有西藏第一座宫殿雍布拉康，有西藏第一座佛堂昌珠寺，出过西藏第一位国王聂赤赞普，出过西藏第一部藏戏巴嘎布等。山南作为藏地文化的寻踪地、藏地美景的观光地，是每一位旅游者的必游之地。

西藏第一宫——雍布拉康

山南旅游区之

雍布拉康位于山南地区首府乃东县泽当镇南11千米的扎西次日山上。"雍布"在藏语中指"母鹿"，意即扎西次日山形似一只母鹿，"拉"指"后腿"，"康"指"宫殿"，合意即指雍布拉康是"建在母鹿后腿上的一座宫殿"。

据史料记载，雍布拉康始建于公元前2世纪，由第一代藏王聂赤赞普建造，是西藏历史上第一座宫殿。后来松赞干布和文成公主将这里改作夏宫，每至暑期便会来此休憩驻留。到了五世达赖喇嘛时期，雍布拉康原碉楼式建筑上加修四角攒尖式金顶，改作了寺院。

雍布拉康整体建筑可分为三部分，第一部分是东端的碉楼式建筑，据说为聂赤赞普所建。它从外部看似五层，实则为三层，一、二层与大殿相连，三层为加盖的金顶。第二部分为主体殿堂，据说是松赞干布所建，原来有三层，现在修复为二层。一层供奉着佛像和历代藏王像，二层分为前后两部分，前部分包括北处空房与南处楼梯间，后部分主要收藏着许多精美壁画，表现了经书、佛塔等内容。第三部分在殿堂南侧，即僧房与附属建筑，其中紧靠殿堂的二层楼为历代达赖礼拜时所居住的卧室。

在距离雍布拉康几百米远的东北端，还有一眼终年不涸的"噶尔泉"，据说于松赞干布时期发现。每年前往寺庙的人们都会顺路到此，品尝一口那甘洌的泉水。

昌珠寺

山南旅游区

昌珠寺位于山南雅砻河东岸的贡布日山南麓，距离乃东县约2千米。它是西藏最古老的寺庙之一，由松赞干布主持修建，距今已有1300多年的历史。在藏语中，"昌"指"鹰、鹞"，"珠"指"龙"，连在一起译为"鹰与龙"。传说，文成公主刚刚进藏时，发现吐蕃地形状若一仰卧的罗刹女，很不利于吐蕃立国，她遂下令在罗刹女的心脏和四肢分别建筑庙宇，昌珠寺就这样建在了罗刹女的左臂。还有一说，松赞干布化身为大鹏降伏此地的恶龙所以才

✚ 小贴士

· 壁画 ·

雍布拉康主体殿堂的二层壁画上绘有一则故事。据说，在第二十七代赞普拉脱脱日年赞时期，某日突然"天降神物"，一些经书、法器与咒语自空中坠落在雍布拉康顶部，人们不知是什么东西，赶紧供奉起来，并为其取名"宁波桑哇"，意即"密室"。多年以前，终于有人识出"密室"中包含有《诸佛菩萨名称经》等珍贵经卷。于是，这座宫殿便成了西藏的一处佛教圣地。

昌珠寺大殿内景

昌珠寺外景

据说昌珠寺在建寺初期，还曾有一尊能说话的度母像供在主殿里。另外，在托且拉康殿内，仍保存着一个土灶，上面还放有据说是当年文成公主曾使用过的一个陶盆，而"托且"在藏语中的意思是"谢谢"或"感谢"，所以该名意味深长。

修建了昌珠寺。该寺建成之后，松赞干布和文成公主常来此地居住。文成公主还在这里亲手栽种了许多柳树，他们用过的灶和陶盆亦保留下来，成为珍贵的文物。

昌珠寺由大殿、转经围廊、廓院三部分组成，共有两层，均为砖木结构。主要建筑是措钦大殿，底层供奉着松赞干布、释迦牟尼与观世音的塑像，二层殿堂名为"乃定学"，供奉着莲花生大师的塑像。昌珠寺有件镇寺之宝，是当年文成公主亲手绣制的珍珠唐卡，这是一幅由珍珠串成线条绘出的坚期木尼额松像，即观世音菩萨憩息图。唐卡长2米，宽1.2米，共耗珍珠计29026颗，嵌有钻石1颗、红宝石2颗与蓝宝石1颗，还有紫

 小贴士

去昌珠寺游览，可以选择与雍布拉康合为一线游。昌珠寺的门票为70元，有直达公共汽车，出租车价格为10元。保存珍珠唐卡的房间在大殿楼顶二层最后的一个房间，里面还有文成公主亲手绣制的释迦牟尼唐卡。游客稀少的时候，那个房间多数是锁上的，需要找管理钥匙的人将门打开。

宝石、绿松石、珊瑚等2000多颗与黄金若干。全幅画面呈现出红、黄、黑、白几种色泽，在观世音菩萨周围还伴有祥云、鲜花、飞鸟等美丽的装饰物，堪称是件稀世罕有的宝物。

贡布日神山

贡布日神山位于雅鲁藏布江南端，海拔4472米，是西藏著名的神山之一。这座山有三座山峰，第一峰是央嘎乌孜，第二峰是森本乌孜，第三峰是竹康孜，三峰之间均有洞穴相连。

贡布日神山有个美丽的"猴子变人"传说。远古时期，有个神猴来到央嘎乌孜修行，住在森本乌孜的罗刹女爱上了神猴，他们结为夫妻，生下了六只小猴。后来猴子繁衍成群，大量采食山林果实，最后居然面临无果而食，即将饥饿而死

↳ 贡布日神山

的窘况。在竹康孜修行的观世音菩萨知道后，取来天生五谷种子，撒向泽当附近的一片土地，群猴从此有了充足的食物，并学会了种植五谷，逐渐变成人，成为雪域之地的第一批先民。

在贡布日神山海拔4060米的山腰上有处洞穴，这就是被称为"西藏第一洞"的猴子洞。猴子洞高2.5米，宽6.95米，前后深约15米。在距洞口0.96米处，有一处形似猴子头形的裂缝，当地的藏族人民都说这就是那只与罗刹女结合的神猴。附近还有另一处遗迹。藏族人民将现在泽当镇北面一块田地称为"萨仁辛"，意即"手刨地"。他们认为，这里就是当年群猴们最初种植五谷的地方，遂将其奉为西藏地块农田的母亲。在岩洞东南处的石壁上，有一片彩色壁画，绘有神猴手捧"曼扎"坐在莲花上，旁边还有不少小猴画像，形象逼真，神态活灵活现。在洞里洞外，均可见到刻有"六字真言"的大小石板和五颜六色的玛尼旗，那都是虔诚的人们留下的拜祭之物。

据说贡布日神山还能够预知未来。它由四位神灵

合力托举而起，东面马王，西面神象，北面孔雀，南面灵龟，四位神灵将高大的山峰举在空中，只有心怀虔诚与福星高照之人才能登临此山，看到仙境并从中预见自己的未来。

藏王墓

藏王墓位于琼结县宗山西南方的平坝上，是吐蕃王朝时期第29代赞普至第40代赞普、大臣及王妃的墓葬群，松赞干布与文成公主均葬于此地。墓群东起顿卡沟口，南靠穆热山脚下，西抵琼果沟口，东西长2076米，南北宽1407米，总占地面积达305万平方米，墓区平均海拔为3700米，是西藏现今保存下来最大规模的王陵。

藏王墓背靠丕惹山，前临雅砻河，背山面水，风水极佳。各座陵墓大体为

▶ 藏王墓前的风马旗

小贴士

土堆垒成的高台丘墓，高出地表约10多米，远远望去，犹如一座座连绵起伏的丘陵。

藏王墓究竟有多少座，至今难以确认。因为经过常年水土流失与风沙堆积，加上曾经奴隶起义时遭受的人为破坏，墓群已与周边丘陵相混，能辨认出来的丘墓大致还有9座，包括松赞干布墓、芒松芒赞墓、赤德松赞墓、赤松德赞墓、赤德祖赞墓、赤都松芒波结墓与牟尼赞普墓等。这片墓区据史料记载共有三处石碑，但现在只发现两处石碑、两只石狮子，其造型风格与唐时一致。

靠近河边的大墓据说是松赞干布之墓，该墓大门朝向西南方向，为表达对佛祖的虔诚特意面向释迦牟尼的故乡。这座陵墓是整个墓群的主墓，其墓边长100米，墓高13米，墓顶上建有佛堂，由13世纪某位著名的伏藏大师所修，后来也被用来做守墓人的居住之地。

赞塘寺

赞塘寺也叫玉意拉康寺，位于乃东县城西南处的赞塘村，与昌珠寺遥相呼应。这座寺庙海拔3576米，是吐蕃

"猴子变人"之说，不但布达拉宫、罗布林卡等处绘有壁画，藏史的许多书籍中也有记载，如《西藏王统计》《贤者喜宴》《雍体苯教史》等。也许这种传说是人们对远古先祖的历史足迹的朴素追忆，而山南这一带就是藏族文明的发祥地。

时期修建的早期佛殿之一，据说为松赞干布的某个王后所建。

赞塘寺规模较小，进门跨入小院落后即到达经堂，经堂左右两端各带了间小殿，两座小殿从建筑风格来看，属于后世增建部分。经堂的后殿即大殿的殿门，殿门左边绘有仲敦巴、阿底夏、那错依斯三像，右边绘有莲花生、赤松德赞、菩提萨陲三像，在经堂的右壁则绘有西藏的历史传说故事。

大殿的建筑结构比较独特，殿内没有柱子支撑，只是在四角架起假角梁后尾，再与角梁后尾架起井字平梁，铺上天花板。天花板的八方全部绘有四瓣莲花。大殿里供着三世佛，两侧并排八大菩萨弟子，三世佛塑像的后壁上亦绘有三世佛像。整座大殿内外，均可在内壁、外壁、回廊、外廊处见到精美的佛教人物画像。由于这些壁画作品经过不断地重绘或新绘，有些早期壁画已不复存在。

赞塘寺外的转经筒

赞塘寺是吐蕃时期修建的早期佛殿之一，但它在历史上的地位是不容忽视的，其建筑当时是完全按内地风格建造的，琉璃墙体和歇山式琉璃屋顶反映了当时西藏工匠的高超技艺，对研究藏汉关系史及西藏建筑史有特别重要的意义。

🏃 青瓦六王宫遗址

石刻历经风雨侵蚀，大多已经斑驳不清。是早期吐蕃赞普官殿群。青瓦达孜官位于琼结河畔的青瓦达孜山崖上。雅砻部族以琼结地区为中心，当时的历代赞普就居住在这里的堡寨里，因此可以说这里曾是吐蕃早期的一处故都。官殿遗址及连接几座古堡的古城墙遗址至今尚存。

青瓦六王宫遗址

　　青瓦六王宫位于琼结河畔、青瓦达则山崖上，当地藏族人民通常也将它称为"青瓦达孜""钦瓦达泽"与"琼瓦达泽"。古代吐蕃时期，第八代赞普开始在这一带修建宫殿堡垒，此项工程一直持续到第十五代赞普，先后建起了达孜、桂孜、扬孜、赤孜、孜母穷竭、赤则崩都六大宫殿，最终形成宫堡群落的"青瓦六王宫"。现在的青瓦六王宫依然矗立着巍峨的城墙，上面建有若干碉堡岗楼，它们与邻近几座古堡的城墙相互连接。因为地处险要，且城墙坚固，整座王宫宫殿仍然可见当年风采。

　　在青瓦六王宫遗址对面的石壁上，还留有两处古代摩崖石刻。这些石刻的主要内容是各种神佛、菩萨与古老文字，雕像大小不一，小的约20厘米，大的约3米，形态逼真，神情生动。这些石刻作品因为历经风雨侵蚀，有些已模糊不清难以辨认，其具体年代也已无从考证。

三宝俱全桑耶寺

　　桑耶寺位于扎囊县雅鲁藏布江北岸桑耶乡的哈布山下，距离泽当镇38千米，是藏传佛教史上第一座佛、法、僧三宝俱全的寺庙。桑耶寺有不少名字，如三样寺、无边寺、超出意想寺等。之所以称作三样寺是因为这座建筑的底层为藏式结构，中层为汉式结构，顶层为印式结构，故而得名。桑耶寺的名称由来还有一段传说：莲花生大师为了满足赤松德赞国王急于见到寺庙建成后的迫切心情，遂小施法术，在自己手心里变出寺院的宏伟幻影，赤松德赞见后惊叹一声："桑耶！"意即"大出意料"，于是"桑耶寺"由此得名。

　　这座宏伟的寺庙于公元767年建成。当时，赤松

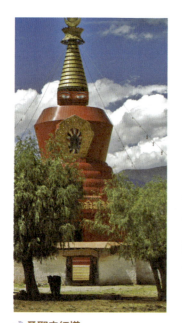

🏃 桑耶寺红塔

德赞邀请各地高僧住寺讲经，其中最著名的便是出家为僧的七名贵族子弟，他们是西藏第一批真正的住寺僧人，被后人称为"桑耶七觉士"。桑耶寺主殿是乌孜大殿，代表着世界中心须弥山，大殿周围的四大殿表示四大部洲和八小洲，太阳殿与月亮殿象征宇宙中的日与月，寺庙围墙象征世界外围的铁围山，大殿四周又建有红、白、绿、黑四塔，以镇伏一切凶神邪魔，防止天灾人祸的发生。大殿和甬道回廊里均绘满了各种精美壁画，这里的壁画非常出名，题材广泛，内容丰富，最引人注目的是描绘西藏历史的"绘画史记"。这幅巨幅壁画画面长达92米，描绘了从罗刹女与神猴成婚到西藏先民出现，直到九世达赖喇嘛时期的传说与史实。另外，其他壁画作品还有"莲花生传记""桑耶寺全景图""桑耶史画""舞蹈杂技"等。

⊕ 小贴士

·桑耶寺·

桑耶寺门票为40元，可以乘坐拉萨到泽当的便车，在桑耶渡口下车，需3小时。也可以从泽当坐车到桑耶渡口，渡口距离泽当约30千米。在渡口下车后，乘机动船横渡雅鲁藏布江，上岸后可坐货车到桑耶寺门口，上车和上船要先问清楚如何收费。

桑耶寺内光线昏暗，几乎是伸手不见五指，一定要带手电。桑耶寺的乌孜大殿晚上六点关门，寺庙的东门也同时关闭。由东门出去到海布日神山和桑耶镇上闲逛的人，晚了须绕道北门回寺。

桑耶寺大殿

🔖 桑耶寺六道轮回图壁画

桑耶寺壁画在藏族美术史上占有十分重要的地位，这不仅因为桑耶寺是藏传佛教兴起的发源地之一，也在于桑耶寺壁画内容丰富多彩，在艺术技巧上吸收了印度、尼泊尔、汉族、于阗、克什米尔等境内外的艺术手法和绘画美学观念，逐渐形成了藏族自己的艺术创作风格、流派以及多民族文化艺术吸收融合的典范。

在大殿门旁，还有块古老的石碑，上面记录了赤松德赞发布的正式以佛教为吐蕃国教的敕令，正廊上悬挂一口唐式古钟，上面铸有古藏文，它是西藏历史上铸造的第一口铜钟。此外，桑耶寺里还保存着自吐蕃王朝以来西藏各个时期的木雕、泥塑、石刻、唐卡等珍贵的文物遗产。

朗赛岭庄园

朗赛岭庄园位于扎囊县境内，是西藏历史上最早的庄园，也是西藏最早的高层建筑之一。朗赛岭又名"囊色林""朗色林"，在藏语中意为"财神之地"，但这个美好的寓意并没有给藏族人民带来幸福，相反却在监狱、刑房、马厩、暗道等旧设施中隐含了封建时期西藏农奴的种种悲惨命运。

 朗赛岭庄园

朗赛岭庄园虽遭一定破坏，但主楼和墙体主体框架建筑基本保存完好。朗赛岭庄园不仅为西藏历史上最早用石砌夯土结构而建的高层建筑的典范，还是西藏社会由奴隶制社会进入封建农奴制的重要历史见证。

朗赛岭庄园源于扎西若丹庄园，扎西若丹庄园最初由疆·扎西若丹创建于现在的朗赛岭乡拉巴村。后来，由于封建庄园势力的壮大，这座高达四层的庄园满足不了贵族们的需求，于是在吐蕃王朝晚期，庄园以北又兴建起了一座主楼为七层的高大建筑，即朗赛岭庄园。经过26年的修筑与完善，到了帕竹王朝时期，朗赛岭庄园终于形成现在的规模。

这座庄园建筑主体包括附楼、望楼、

碉楼、花园、壕沟与林卡，以及农田、牧场、手工业作坊等附属建筑。其外围有两层围墙，整座建筑墙壁都用石砌土夯的办法筑成，总高22米，下部有7米多高的石墙基，其余上部全为土夯墙，隔层夹有石板，墙厚约1.4米。在主楼四周还装有射箭孔，若有敌方冲破防御墙和护城河，庄园内的守卫便可居高临下地从射

🔅 **小贴士**

朗赛岭庄园离扎囊县城18千米，可以从拉萨或山南乘公交车前往，拉萨至朗赛岭庄园车费为25元，山南至朗赛岭庄园车费10元，目前景区不收费。朗赛岭景区与桑耶景区隔江（雅鲁藏布江）相望，处于雅江风景名胜区的核心地带，游览庄园的同时，可观赏雅鲁藏布江最宽处的宏伟奇观。

在青朴修行地山洞中苦修的觉姆

在藏传佛教前弘期结束时，有许多经卷都被埋在这里，后弘期早期不少掘藏师在此掘藏。所以，青朴与桑耶寺共富盛名，藏族人认为到了桑耶寺而不去青朴，就等于未到桑耶。相传，青朴修行地的大山里曾有108座修行山洞、108座天葬台和108处神泉。

箭孔中射击对方。朗赛岭庄园的最底层是冰冷阴暗的刑房和监牢，专为惩罚农奴而设，所以，人们也把它称为"西藏农奴社会的缩影"。

青朴修行地

山南旅游区

青朴修行地位于扎囊县境内，在桑耶寺东北端纳瑞山腰处，海拔约4300米。在藏语中，"青"指当时此地的青氏家庭，"朴"指山沟上端，因有众多高僧活佛与历史名人曾在这里修身悟法，所以人们将其称为青朴修行地。

青朴修行地三面环山一面临水，正对着雅鲁藏布江宽阔的河谷，这里绿野遍布，林木丰茂，气候温暖、景致优美。传说曾有108个修行山洞、108座天葬台和108处神泉，西藏历史上赫赫有名的寂护大师、莲花生大师、藏王赤松德赞和"桑耶七觉士"都在此留下圣迹，比如莲花生修行洞格乌仓、错杰洞、法王洞、鲁堆琼钦洞等。另外，由于历史原因，许多经卷文物被埋进山里，后人挖掘出部分经卷，将其称为"伏藏"，据

山南旅游区

敏竹林寺

敏竹林寺也叫"敏卓林寺",位于扎囊县东南15千米处。公元10世纪末,僧人鲁梅·楚臣西绕在敏竹林村修建了一座规模不大的巴林寺讲经说法。1677年,另一位僧人仁增·吉美多吉对巴林寺进行了重修和扩建,并改名为敏竹林寺。该寺18世纪时曾毁于战火,后来再度重建。

现在的敏竹林寺总面积约10万平方米,规模宏大,寺院筑有多边形围墙,主要建筑有祖拉康、曲果仑布拉康、堆对登由塔、桑俄颇章、朗杰颇章五大建筑群与附属建筑,其中以祖拉康佛殿最为有名。

说,现在山里还保存着一部分"伏藏"。青朴山一带零散分布着许多石像,传说这些雕像是从石头上自然显现出来的,因此又叫"然炯",意思为浑然天成。

因为古迹众多,青朴山修行地吸引了大批朝拜者。时至今日,仍有不少远道而来的苦修者在此地聚居、修行,渐渐形成了一处小村落。在他们眼里,这里是与桑耶寺齐名的一处圣地,甚至有许多藏族人认为如果来到桑耶寺而不去青朴山,就等于没有来过桑耶寺。

📷 **敏竹林寺大殿**

敏竹林寺以片石砌筑的墙体在西藏也极为有名,对研究西藏建筑艺术和建筑风格也有很高的价值。

 小贴士

敏竹林寺平常都是锁着门的,只有朝佛的人来了,才由喇嘛打开一道道锁,领着拜佛。寺内有一面镜子是一位活佛的遗物,还有一把特别沉的铜剑,活佛举起它在朝拜者的背上敲一敲以赐福。

祖拉康佛殿是全寺的主殿，它坐西向东，筑有三层，底层为大经堂，面阔五间，进深六间，中有20根方柱，二层中央为天井，周围有五座小佛殿和僧舍，三层有两间佛殿。祖拉康佛殿墙壁上绘有多头多臂、面容狰狞的佛像，按照藏传佛教的说法，这些威风凛凛的护法神灵是为了防御来犯之敌与恶魔的守护者，被称为"护法神"。其他几座建筑亦建有经堂、佛殿、铜像等，分别供奉着大佛母、金刚手、文殊菩萨等神像。另外，敏竹林寺的壁画可大致分为早期与晚期两类，两类壁画在绘画技巧与内容上均有不同，早期壁画多偏重莲花生等题材，晚期壁画则新增了象、虎、马等兽类，色彩也较前者鲜艳许多。

在敏竹林寺修行的僧人可以娶妻生子延续香火，该寺的寺主亦以父子或翁婿相传，并不完全取决于父子的血统关系。除了学习佛教经论外，该寺历代僧人都比较重视语言、天文、历算、诗歌、医药、书

法与绘画等知识。因为原来地方政府僧官学校的部分教师大多由寺内精通历史、佛学、藏文、医药、历算的高僧担任，所以该寺又有"西藏第一学府"之称。

圣湖拉姆拉错

山南旅游区之

拉姆拉错也叫琼果杰神湖，位于加查县东北部约65千米的曲科杰丛山之中，湖面海拔5000多米。在藏语中，"拉姆"意为"仙女、女神"，"拉"意为湖面，"拉姆拉错"为"吉祥天姆湖""圣姆湖"。据说，这里是藏族人民十分敬仰的班丹拉姆女神寄魂湖，所以也叫"天女之魂湖"。

圣湖拉姆拉错

站在海拔5360米的垭口上俯瞰，神湖周围峻峰环峙，神湖犹如一面镜子，镶嵌在群峰之间。

康格多山区属亚热带
高原气候，地势北高南
低，印度洋暖流逆谷而
上，区域性气候明显。
全年降水量在400毫米以
上，6～9月为雨季，其间
细雨绵绵，山顶被云雾
笼罩，难见大山面目。

拉姆拉错是一处高山淡水湖，它呈葫芦状铺展在山林之中，两头较圆中间稍细，这处湖泊面积并不大，约2平方千米，周围景色极其秀丽。传说，这面湖水有照映前世、今世与预知后世的神力，能呈现出每一个朝拜者的未来命运。只要虔诚地凝望湖水，圣湖就能为朝拜者显示出未来的各种影像。在每年藏历的四至六月，都会有许多人前来朝圣观景，而且每代达赖喇嘛也会来此朝拜。就连寻访历代转世灵童，亦通过圣湖所现的异象来确定方位等，普通佛教徒也能从湖底影像中看到自己的前世今生。

康格多山

山南旅游区

康格多山坐落在喜马拉雅山脉中段转折东北方向的南麓，位于错那县境内。这一带高峰林立，海拔处于6000米以上的雪峰不下30座，康格多山海拔7060米，它巍然矗立于群峰之上，终年积雪，遍体银妆，远远望去，犹如一位身披银色铠甲的威武勇士。

这座巨大的雪峰由南北两条主山脊和陡峭的东西坡合拱而成。南北两大山头的海拔分别为7040米、6900米，南北两条山脊顺延而下，又向东西两侧伸出各条大大小小的分支山脊。在这些山脊构成的峡谷坡沟中分布着无数条奇伟瑰丽的冰川，最著名的要算是东坡姜朗冰川了。姜朗冰川长达10多千米，如一条被时光凝固的河流，经阳光照射晶莹夺目，璀璨生辉。有些

冰崖陡然堆起傲立其中，还有无数裂缝狭隙遍布在冰川表面，这一带也属于高危地区，时常会发生冰崩与雪崩现象。

每年夏季，康格多山地区常有阴雨，很难见到山体全貌，但到了春秋时期，虽然康格多山的山顶上依然覆盖白雪，但在山麓附近却枝繁叶茂，碧草青青。尤其是美丽的坡台沟，鲜花点点，溪水潺潺，时常可见野驴、黄羊、草狐、獐子等数十种野生动物出没其间。游人们可以选择此期间前去游玩。

羊卓雍错

山南旅游区

羊卓雍措简称羊湖，位于浪卡子县，距离拉萨市西南70多千米。这面湖水海拔4441米，东西长约130千米，南北宽约70千米，面积约678平方千米，湖岸线长达250多千米，平均深度为30～40米，最深处在湖东部及湖中部帕多岛南端一带，将近60米深。它是喜马拉雅山北麓最大的内陆湖泊，与纳木错、玛旁雍错并称西藏三大圣湖。

在藏语中，"羊"指"上面"，"卓"指"牧区"，"雍"指"碧玉"，"错"指"湖"，"羊卓雍错"四字连起来便是指"上面牧区的碧玉湖"。因为这面湖水的汊口较多分向展开，如同美丽的珊瑚枝，所以它在藏语中也被称为"上面的珊瑚湖"。

羊卓雍错风景秀丽，美妙湖光映衬着周围群山，置身此地恍入人间仙境。这一带是集高原湖泊、雪山、岛屿、牧场、

羊湖湖水碧波如镜，湖滨水草丰美，是一个丰饶的高原牧场，当地藏族人民用民歌赞美羊卓雍错："天上的仙境，人间的羊卓。天上的繁星，湖畔的牛羊。"

蒙古族人崇拜羊卓雍错，更多的是将她奉为羊卓雍措达钦姆，即羊卓雍措大湖主多杰盖吉佐，她是藏区的女护法神。

温泉、野生动植物、寺庙等多种景观为一体的独特的自然风景区。湖中分布着大大小小的岛屿21处，最大的岛屿面积约8平方千米，最小的岛屿面积约3平方千米。各种水鸟栖息此地，如黄鸭、天鹅、鹭鸶、沙鸥等，它们成群结队地翩翩飞舞，此起彼落蔚为壮观。每年冬季，还会有更多的候鸟迁徙而来，使这片土地成为西藏最大的水鸟栖息地和野生禽类的乐园。羊卓雍错还建有西藏最大的人工养殖渔场，以养殖高原裂腹鱼、高

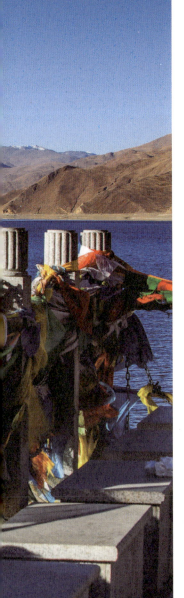

原裸鲤为主，这里的鱼类蕴藏量可达8亿多千克，向来有"西藏鱼库"之称。

羊卓雍错一带还流传着许多传说，水鸟姑娘便是其中之一。相传很久以前，湖边有个叫白地的村子，村里有位漂亮的姑娘每天夜里都去湖里洗澡，她的皮肤如玉似雪，柔嫩洁净。白地村的农奴主垂涎于姑娘的美貌，存心要将其据为己有，便在某天夜里潜入湖中强行将姑娘抱出水面。这一幕恰巧被云端之上的仙女看到，仙女举起佛珠砸去，将可恶的农奴主打死，但因为这家伙紧紧抱着姑娘死不松手，致使二人一起沉入了湖

湖滨游船

这只孤独的游船，代表着一种商业开发的尝试，而今，为了还圣湖的真实面目，这样的游船已经被取缔。

 小贴士

出拉萨经雅鲁藏布江大桥沿拉亚公路南行170千米，再翻过海拔5030米的甘巴拉山口，就到了如碧玉般美丽的羊卓雍错。从山口下到羊卓雍错湖畔需要大约30分钟，可以沿着湖边的公路欣赏羊卓雍错的景色。羊卓雍错属低浓度盐水湖，最佳旅游季节在夏季的7、8、9三个月，但要避免雨天前往，否则欣赏不到湖的美丽。如乘班车前往，可先坐到雅鲁藏布江大桥边，再乘出租车游览羊卓雍错。

底。第二天，人们来到湖边声声呼唤着姑娘的名字，突然看见湖里飞出一只白色的水鸟，水鸟在水面上翩然飞舞，啼声婉转动听，人们明白过来：原来，它就是美丽姑娘的化身。

桑顶寺

桑顶寺也称桑定寺、桑丁寺，位于羊卓雍错西南一座险要陡峭的山顶上，距今为止已经有300多年的历史，是西藏唯一由女活佛多吉帕姆（意译为"金刚亥母"）主持的寺

庙，备受信徒敬仰的女活佛多吉帕姆被认为是印度金刚亥母的
肉身再现。

据《宗教源流镜史》记载，桑顶寺由香巴噶举创始人琼
波南觉的四传弟子克尊·旬所建；另一说为15世纪初由博东
巴·乔列南杰（1375～1451）所建，为僧尼合住寺院。刚修建
时，桑顶寺只是一个小寺，二世多吉帕姆·贡噶桑姆在仁蚌
巴、雅桑万户长和羊卓万户长等人的资助下，扩建了桑顶寺。

🔾 桑顶寺

桑顶寺自创建以来，经
二世、五世、九世多吉
帕姆的不断扩建，桑顶
寺才逐渐形成拥有15座
殿堂，依山傍水，风景
秀丽的噶举派著名寺院
之一。

五世多吉帕姆·卡居白姆维修和扩建了桑顶寺诸佛堂，并新造了佛像、佛塔等。

寺内供有历代多吉帕姆的肉身，主修金刚亥母密法，修炼印度瑜伽密宗，其活佛传承制度已经延续了十二世。十二世女活佛多吉帕姆·德庆曲珍为西藏自治区政协副主席、全国政协委员、全国人大代表。在桑顶寺的墙壁上，挂着一世女活佛到十二世女活佛的画像。虽然她们之间没有任何的血缘关系，但容貌却非常相像，这也许就是活佛转世的神奇之处吧。

卡惹拉冰川

巨大的冰川从山顶云雾缥缈处，一直延伸到离公路只有几百米的路边，晶莹幽蓝中，捎来几许凉飕飕的感觉。虽然由于长年受公路上灰尘的影响，冰川整体呈黑白分层形态，但冰川上半部在阳光的照耀下，犹如一幅巨型唐卡挂在山壁上，熠熠生辉。

宁金抗沙峰

山南旅游区

在雅鲁藏布江以南、喜马拉雅山以北有条绵延360多千米的拉轨岗日山脉。拉轨岗日山脉多数山峰海拔在5500米以下，少数山峰超过了6000米，其主峰便是海拔为7206米的宁金抗沙峰。宁金抗沙峰位于江孜县、仁布县、浪卡子县三县交界处，因其凌驾于"圣湖"羊卓雍错和"宗寺"桑顶寺之上，遂被藏族人民称为"宁金抗沙"，其藏语意思是"夜叉

神住在高贵的雪山上"。传说这里是藏传佛教四大山神之西方山神诺吉康娃桑布居住之地。

　　宁金抗沙峰是西藏中部的四大雪山之一。此座山峰体态雄伟，危岩嵯峨，顶部尖锥突兀，如一只鹰嘴向着远天昂然长啸，在它周围，耸立着大大小小10余座6000米以上的山峰。坡岭沟壑间的终年积雪孕育了100多条冰川，覆盖面积达118.82平方千米。卡惹拉冰川是其中最大的一条冰川，面积达9.4平方千米，它是宁金抗沙峰向南漂移时形成的悬冰川，极为著名。远远望去，这条巨大的冰川犹如一支晶莹玉剑斜斜依附于山体之上，光芒耀眼又凛然不可侵犯。

宁金抗沙峰主峰

宁金抗沙峰山体雄伟，危岩嵯峨。顶部尖锥突兀，坡岭沟壑间的终年积雪发育了条条冰川，时常有冰雪崩塌。每年只有4～5月或9～10月的春秋季节，才是举行登山活动的好时机。

Chapter 04

On the Road
阿里
——万山之祖，百川之源

阿里地区位于西藏西部，平均海拔4500米。它东连那曲地区，西邻印度、尼泊尔及克什米尔地区，南临日喀则市，北倚昆仑山脉南麓，面积广达30多万平方千米。然而，这片辽阔土地却是世界上人口密度最小的地区，只有7个县，约11万人在此栖居生活。

阿里地区因为处在喜马拉雅山脉、冈底斯山脉等山脉相聚的地方，被称为"万山之祖"，又因此处也是雅鲁藏布江、印度河与恒河的发源地，所以亦称"百川之源"。这里的地貌以冰雪、山岩、湖泊为主，有雄奇瑰丽的冰雪世界，有连绵起伏的青青山峦，有星罗棋布的秀丽湖泊。每到旅游旺季，这片神奇的高原土地都会吸引大批的中外游客前来观光。

"神灵之山"——冈仁波齐

喜马拉雅山脉的冈仁波齐峰巍然屹立在阿里地区的普兰县境内，距狮泉河镇200多千米，距普兰县100多千米，横跨中国、印度与尼泊尔三国边境，历来被称为"阿里之巅"。这座雪峰海拔6656米，是冈底斯山脉第二高峰。在藏语中，"冈仁波齐"意即"神灵之山"，远远望去，冈仁波齐峰确如凛然不可侵犯的众山之长，静静俯视着脚下的芸芸众生。

冈仁波齐峰整体酷似巨大的石磨，当地藏族人民也把它称为"石磨的把手"。这座山峰四壁对称，峰顶如七彩圆冠，周围如同八瓣莲花四面环绕，沿峰体一侧，有条巨大的冰槽垂直而下，为这座巍峨雄伟的雪峰刻下道道晶莹而粗犷的线条。当天气晴朗时，冈仁波

不同角度和时间拍摄的冈仁波齐美景

齐峰顶端白云缭绕，如梦似幻，由低处仰视过去，宛若人间圣地。

有一种奇怪的现象令冈仁波齐峰颇具神秘之感：在山峰向阳一面，终年积雪从未消融，而在山峰背阴一面，却常年无雪，即使偶有少量积雪也转瞬即化。在它身边还围绕着四名忠诚的卫士，即东边的万宝山、西边的度母山、南边的智慧女神峰、北边的护法神大山，另有四名俊秀的女子，是指阿里地区有名的四大河——马泉河、狮泉河、象泉河与孔雀河。

冈仁波齐峰一带的景色雄壮美丽，这里在海拔6000米以上即分布着28条发育良好的现代冰川，主要以冰斗冰川和悬冰川为主，晶莹奇妙的冰天雪地将为每位游客带来耳目一新的感觉。另外，在山峰脚下，亦随处可见灌木丛生、绿树遍野、古柏林立、清泉静流，无数美丽动人的景象会令每位游客在此驻足停留。

虔诚的转山路

阿里旅游区

冈仁波齐峰历来被称为"神山之王"，每年都会有来自印度、尼泊尔、不丹以及中国各大藏区的许多信徒们前来朝拜转山。转山是一种庄严又神圣的宗教活动习俗，据说朝拜者转山一

✚ 小贴士

·神秘的山峰·

这世界上，已经很难再有一座山能拥有这样奇特神秘的背景了：它的形状几乎和金字塔无异；在山坡南面，垂直着的巨大冰槽和一块岩层神奇地形成了佛教中至高无上的标志——万字符；它被佛教视为"须弥山"，象征整个佛教宇宙的中心；在印度教中，它是"湿婆的天堂"；在藏族苯教中，它是360位神灵居住之山。冈仁波齐并非这一地区最高的山峰，但是只有它终年积雪的峰顶能够在阳光照耀下闪耀着奇异的光芒，夺人眼目，让人不得不充满虔诚与惊叹。

圈可洗尽一生罪孽，转山十圈可在五百轮回中免下地狱之苦，转山百圈可在今生成佛升天……所以千百年来转山活动一直长盛不衰。尤其是冈仁波齐峰一带的转山活动，更能透露出朝拜者们的虔诚之心与他们对家乡净土的热爱。

冈仁波齐峰的转山道有两条。外线是以冈底斯山为核心的大环山线路，外线总长56.5千米，徒步需3天时间，若磕长头则需15～20天。信徒们一般在外线转行13圈后再转内线。内线是以冈底斯山南侧的因揭陀山为核心的小环山线

冈仁波齐峰下的转山者

冈仁波齐转山分顺时针和逆时针两种，藏传佛教徒和印度教徒沿顺时针方向转山，始终让神山处于身体右边，转山的游客基本上也是选择这个路线，只有苯教徒以逆时针的方向完成转山。

 小贴士

2011年7月31日至8月11日，在西藏阿里地区冈仁波齐峰举行了首届冈仁波齐慈善环山赛，旨在向世人传达"慈善结合赛事，越野传递关爱"的赛事主题。全程约52千米转山道，平均海拔在4700～5640米之间，参加比赛的都是户外运动高手。佛教徒的路线一般有两条即内圈和外圈，内圈是绕山南侧的因揭陀山的小环线路。外线徒步需3天，磕长头则需15～20天。藏传佛教徒和印度教徒顺时针转，苯教徒则是按逆时针绕行，环山比赛的队伍则是绕着神山外圈顺时针进行。

路，每到藏历马年朝拜者就特别多，这是因为佛祖释迦牟尼的生肖属马，许多信徒都认为在马年转山一圈相当于在其他年份转山13圈。

转山途中的景色非常壮美，可以望见冈仁波齐峰和纳木那尼峰遥遥相对，巴噶平原安然静卧，湛蓝静谧的天空时有洁白的云层悠然飘过，让朝拜者心灵更加澄澈明净。到了黄昏时

卓玛拉山口的转山者

海拔5650米的卓玛拉山口，布满了五颜六色的经幡，这里是转山路上海拔最高点，也是地球上海拔最高的垭口。

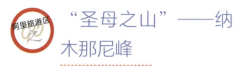
磕长头的转山者

朝圣者们世代相传，围绕冈仁波齐转山一圈可以洗尽一生罪孽，转上十圈者可在五百轮回中免受地狱之苦，转108圈今生即可得道成佛。

分，金色夕阳为大地勾勒上一层光亮的金边，映照得远处山峰金碧辉煌，如雪峰之上又覆金顶。只要参加过冈仁波齐峰的转山活动，无论你是不是信徒，都能在艰辛游荡中体验到无法言喻的幸福与荣耀。

"圣母之山"——纳木那尼峰

纳木那尼峰被藏族人民称为"圣母之山"或"神女峰"。这座雪峰海拔7694米，位于普兰县境内，属于喜马拉雅山脉西段，是喜马拉雅山和冈底斯山两条弧形山系的西翼之首。它与冈仁波齐峰遥相呼应，著名的玛旁雍错湖就静立一旁。

纳木那尼峰约占地200平方千米，整座山体均为花岗岩构成，东西两翼皆是冰峰雪岭连绵而行，形成一道巨大的冰雪城墙。由于侧立两旁的喜马拉雅山峰相对低矮，越发显得纳木那尼峰高峻。这座雪峰列有六条长长的山脊线，上面排布着10座6000米以上的山头，西部山脊铺展如扇，由北向南绵延而去，山脊之间分布着巨大的冰川。与此形成鲜明对比的是东面山脊，这条山脊状如刀背，尖锐陡峭，形成一处近2000米高的峭壁。

纳木那尼峰因为南临孔雀河河谷，来自印度次大陆的暖湿气流沿南坡爬升，降

水量亦随此地海拔的增高而逐渐递增，所以峰顶冰雪皑皑。只要有任何微小的外力，就可能导致壮观的雪崩现象。当雪崩发生时，那瀑布般的雪团咆哮而下，如千军万马齐鸣，又如惊雷战车驰过，低沉的轰鸣阵阵回落在山谷间，一团团飞溅的雪雾重锤般落下又轻烟般消散，极其震撼人心。纳木那尼峰还是现代冰川的摇篮，这里分布着多条山谷冰川、悬冰川和冰斗冰川，如西面峡谷中就有5条巨大冰川，冰面上布满了冰裂缝、冰陡崖、U形谷和冰碛垫等。

远眺纳木那尼峰

如果从湖畔正面看过去，纳木那尼主峰西面的多条山脊呈扇形排列，有数十座高低错落的山头，山脊之间有许多巨大的冰川，显得气势磅礴；而最为奇特的是纳木那尼峰东面唯一的山脊被侵蚀成刃脊，十分陡峭，形成一个巨大的悬崖落差，像是被什么东西硬生生劈开似的，不论从哪个角度看去，都如同鬼斧神工。

这座雪峰比较著名的景观还有峰顶旗云，当海洋季风带来的水蒸气凝结成云雾笼罩着峰顶，就会看到一缕状似三角旗的云片逐渐升起，那就是比较鲜见的旗云。有经验的登山者会通过旗云来预测雪峰周边的风力。如果旗云末端上翘，就表示峰顶风力轻弱；如果旗云末端平直，就表示峰顶风力一般；如果旗云末端下垂，则表示风力强劲。

永恒不败的碧玉湖——玛旁雍错

"玛旁雍错"也叫"玛法雍错"，藏语意思为"永恒不败的碧玉湖"。起因是11世纪在湖畔进行的一场宗教大战，结果，藏传佛教噶举派大胜外道黑教，"玛旁"就是纪念佛教的胜利，此湖因而得名。这面高山湖位于冈仁波齐峰和纳木那尼峰之间，地处阿里地区普兰县城东35千米处。玛旁雍错整个湖泊呈鸭梨状，北宽南窄，长轴方向长26千米，短轴长21千米，湖面海拔4588米，面积约412平方千米，湖水碧透清澈，透明度达14米，是中国透明度最大的淡水湖。

唐高僧玄奘曾在《大唐西域记》中称这里为"西天瑶池"，可想而知，玛旁雍错的美早就史有闻名。这片湖水由高山冰雪融化而来，湖水碧蓝空灵，纤尘不染，偶有轻风拂过，那吹皱的一汪湖水便泛起粼粼波光，似堆金撒银又似一地碎玉，让人心醉神迷，浮想联翩。每年夏季，许多来自印度、尼泊尔与西藏境内的朝拜者都会来到玛旁雍错转经洗浴，并将圣湖之水不远千里带回家中。这些朝拜者们认为玛旁雍错的湖水能洗去人们心灵上的贪、

小贴士

　　许多宗教典籍和传说中都曾记载或描述过玛旁雍错。印度传说中称这里是湿婆大神和他的妻子——喜马拉雅山的女儿乌玛女神沐浴的地方，而西藏的古代传说认为这里是广财龙神居住的地方。藏文古籍《冈底斯山海志》中记叙：圣湖玛旁雍错中有一座广财龙王的龙宫，龙宫中聚集世间众多的珍宝。来到这里朝圣的人，只要绕湖一圈或者在湖边能得到湖中的一条小鱼、一块小石头、一根飞鸟的羽毛便算得到了龙王的赏赐。佛教传说中认为玛旁雍错的湖水直接来自神山的融雪，是圣水，可涤除人们心灵上的五毒、肌肤上的污秽，使人的心灵纯洁。而印度教的故事则说，湿婆神与他的妻子乌玛女神居于神山，乌玛女神每天在玛旁雍错里沐浴，所以湖水成了圣水。

玛旁雍错美景

佛教徒认为，玛旁雍错是最圣洁的湖，是胜乐大尊赐予人间的甘露，圣水可以清洗人心灵中的烦恼和孽障。

嗔、痴、怠、嫉五毒，能洗去肌肤上的所有污秽。尤其是来自印度的朝拜者们，对玛旁雍错更多了一份景仰之情，因为印度领袖圣雄甘地的骨灰也曾被撒入这面神圣的湖水。

在朝拜者的心目中，玛旁雍错有四大浴门：东为莲花浴门，南为香甜浴门，西为去污浴门，北为信仰浴门。圣湖还汇聚高山融雪成了四水之源：东为马泉河，南为孔雀河，西为象泉河，北为狮泉河。

碧玉湖畔八大寺

阿里旅游区

玛旁雍错也被藏族人民称为"碧玉湖"。在这片美丽的湖水周围，有8座寺庙分别占据着八大方位。东面有色瓦龙寺，东南面有聂果寺，南面有楚果寺，西面有齐悟寺，西南面有果祖寺，西北面有迦吉寺，北面有朗纳寺，东北面有本日寺。

色瓦龙寺于1728年创建，寺内曾经供奉着4尊释迦牟尼像、莲花生大师像、贡觉久赞大师的舍利宝塔以及米拉日巴、帕莫竹巴、杰丹贡布等塑像，此外还藏有4颗释迦牟尼佛的舍利、莲花生大师修炼而成的利佛甘露、大译师拜若杂纳的手抄本与般若十万颂等经籍。这座寺院在"文化大革命"时遭到极大破坏，1984年方才修复。

聂果寺的建成有一段故事。据说，当年阿底峡大师前往古格的托林寺，在经过这一带时，于此地筑起一座供佛坛。后来又有高僧在此筑庙，方有了今日的聂果寺。楚果寺是一处举行沐浴仪式的重要寺院，在藏语中，"楚果"即指"洗头"之意。每年都有许多境外信徒来到这里念经祈祷，而后赤身沐浴在冰凉的玛旁雍错里。

关于果祖寺也有一段故事：阿底峡大师前来朝拜圣湖，在附近一处圣洞里逗留了7天。13世纪初，另一位大师郭仓巴前来朝拜时，也在附近一处岩洞内修行了约3个月。果祖寺曾在"文化大革命"时期惨遭破坏，1987年时经过大修，方才有了

玛旁雍错西面的齐悟寺，只有这佛塔，才能告诉你寺院的所在

色瓦龙寺前的玛尼堆，是朝圣者的福祉，是圣湖的献礼，是人们的祈祷之声的延续。

今日模样。

朗纳寺修建在一处形似大象鼻的山坡上，它由桑丹平措大师主持修建，于"文化大革命"时期被毁，1986年重新建起。其他诸如齐悟寺、迦吉寺等均遭到不同程度的损毁，留存下来的只有供人观瞻的遗址了。

科加寺

科加寺位于普兰县科加乡科加村的孔雀河边，距离县城约19千米远，与尼泊尔近在咫尺。科加村是个风光宜人的田园村庄，这里气候温和，景色迷人，是一处不易寻见的桃花源地，但通往科加村的路况极其糟糕，有心前往的游客需做充分准备。

科加寺在阿里地区颇有名气，有人说它是因地而得名，有人说它是因古格科熟王所建而得名，究竟缘何而来已无从考证。关于这座寺庙，当地还流传着一则故事：据说以前这附近的居民擅长铸造佛像，某天，他们将刚刚铸造

楚果寺

楚果寺的附近有很多的玛尼堆，这些玛尼堆虽然经历了风吹雨打，失去了原有的色彩，不过更增添了几分古朴，在夕阳下，泛着暖暖的红黄色的光彩，透着几分神秘。

小贴士

科加寺门口有一片河滩以及美丽的红色芦苇丛，非常适合取景拍照。科加寺是从尼泊尔进入普兰的必经之路，经常有许多衣着奇特的异域游客光着脚，提着小铁筒从这里经过。这些人多是来参拜神山圣湖的外国修行者。如果给他们拍照，他们会很友好很乐意地摆出姿势来，然后向你索要少量的金钱或食品。科加寺最大的宗教节日是每年藏历一月十二日的建寺庆祝活动。届时，表演者戴着各种面具，穿着宽袍大袖服装，跳着宗教舞蹈，非常有民族及宗教特色。

🏛 科加寺

科加寺在阿里远近闻名，寺里供奉的文殊菩萨曾得高僧仁钦桑市加持。科加与尼泊尔近在咫尺，地处喜马拉雅山南坡，气候和暖，风光宜人。

的一尊观音像用马车运送到孔雀河边，没想到在这里马车被一块石头死死卡住，怎么也无法继续前行，人们累得精疲力竭，最后索性就在车停之处建起一座寺庙，并为其取名科加寺，即"定居"之意。

科加寺里有三件宝物，一是科熟王用七大包银子请工匠们制作了一尊世间罕见的文殊菩萨像，二是拉德王用大量珍珠白银为此像制作了有30朵莲花的精美宝座，三是贡德王为该寺制作的银质金刚像和观世音像。除了这三件镇寺之宝外，科加寺还保存了一部分极具价值的历史文物，如古格王朝时期的金质度母像、响铜释迦像、《甘珠尔》《丹珠尔》大藏经、整套《萨迦五祖遗高训》等。

贡不日寺

贡不日寺位于普兰县边缘马甲藏布河的北岸，是有着"故宫"之称的一座古代寺庙，由活佛坚嘎多增·郭雅岗巴主持创建。这座寺庙依山凿洞，洞前搭建有栈桥，高出河岸约30米，所以它也被称为"悬空寺"。除了栈桥这条道路，登上"悬空寺"还有另外一条小道，那就是沿着山脚下的阶梯一路而上，不过这样会花去不少时间。

贡不日寺

贡不日寺的石窟全长24.3米，由西向东铺展开来，石窟大多在1.6～1.8米之间，由杜康殿、申厦、甘珠尔拉康、修行室等组成。杜康殿高约2米，面积约37平方米，近似方形，殿里四壁上都绘有精美的壁画。申厦也就是住持的卧室，近似矩形，面积约为18平方米。甘珠尔拉康是一处横向深长的石窟，面积约28平方米。

在洞窟初建之时，仅有僧人在此修行。直到盖起寺庙并伴有美丽的神话传说，贡不日寺方才渐渐成为一处圣地。这则传说后来被编入名列八大藏戏的《洛桑王子》里，大意是讲："故宫"本来是洛桑王子的宫殿，仙女影超拉姆爱上了王子，却因此遭到宫廷巫师的陷害。阴险的巫师谎称北方有敌军来袭，将洛桑王子骗出征战，眼看影超拉姆性命堪忧，在这危急时刻她飞上了天空。后来王子历尽千难万险，终与心爱的人影超拉姆在天庭里幸福相会。这则美丽的传说让普兰县成为洛桑王子的故乡，"故宫"也随之成为王妃影超拉姆的居所。

拉昂错

"鬼湖"——拉昂错

阿里旅游区

拉昂错在藏语中意指"有毒的黑湖"，位于阿里地区普兰县境内，海拔4574米，面积268平方千米，是一处内陆咸水湖。没人知道拉昂错为何被命名为鬼湖，也许是因为人畜都不能饮用这里的水，加之湖岸周边植物较少，所以才得此恶名。

拉昂错的奇特之处有两点。一是虽然名为鬼湖，仅名字听起来就让人心生恐怖，它却与圣湖玛旁雍错只有一堤之隔。这相隔的两湖大不一样，圣湖的水清爽甘甜，鬼湖的水苦涩难咽。然而，许多藏族人民都认为两湖湖底相通，如果有一天圣

当地人认为，玛旁雍错和拉昂错分别代表光明（或阳性）和黑暗（或阴性），但它们之间不是孤立的，当地百姓至今还说两湖底是相通的。实际上，在很久以前，圣湖、鬼湖就是一湖，由于气候变化，湖泊退缩，水面下降，才由一条狭长的小山丘把它们分开。

湖之水沿河槽流入鬼湖，而且同时流入金色鱼与蓝色鱼，那么鬼湖的水也会变得像圣湖之水一般清冽甘甜。也有人说，拉昂错与玛旁雍错曾经相连，后来因为湖面下降才分作两湖。在它们之间至今还有一河相通，所以圣湖的水总有一天可以流入鬼湖。二是鬼湖拉昂错的景色非常美丽，与它的名字带给人们的是完全不同的两种感受。

因为地质原因，拉昂错一带分布着大量的蛇绿岩，致使湖边连绵迭起的小山呈现一片暗红色，那条蜿蜒曲折平平铺展的卵石滩如一条白亮亮的银带镶在湖边，举目远望，幽蓝的湖水中心是座孤立的灰色小岛。几种色彩和谐排布，经阳光映照之后，炫彩迷离宛如梦幻。如果有游客途经此处，千万别忘了在这里体会高山湖水的两种风情。

高原上的地质奇观——札达土林

札达土林位于札达县西北处，距离狮泉河150多千米，距离普兰350千米，是札达县最有名的地质风光区。

据说很久以前，这一带是汪洋大海，杳无人烟，后来才有一座座土林山从海里渐渐冒出、升高，遂成今天的土林地貌。虽然这是个美丽的传说，但地质学家经过多次考证，证明传说并非信口道来，而是具有一定的依据。他们认为：100多万年以前，由札达到普兰之间是片方圆大约500平方千米的巨湖，因为喜马拉雅造山运动使湖盆升高，水位线递减，渐渐冲磨出土林与山岩的轮廓。之后又经过千百万年的洪水冲刷与风化剥蚀，方在地表、山岩间雕琢成今日模样。

札达土林里的"岩土树木"高达数十米，或陡峭挺拔尖锐直刺，或雄阔敦实巍然矗立，或高低错落相互簇拥，或孤峰突起傲视两侧。那蜿蜒而来的象泉河水在土林峡谷中静静流淌，为这片苍凉干旱的土地平添了些许的温润与清凉。当明丽的晚霞铺洒在遥远天际，高起的土林像镶有金边的黑色城堡，又像蛮荒世界里的座座宫殿，令人望而生畏又震撼心魄。

札达土林总面积约为2464平方千米，是世界上最典型、分布面积最大的第三系地层风化形成的土林。它发育最好的部分是以托林镇为中心的一大片区域，这一带海拔在3750～4450米，面积约为888平方千米。

托林寺

托林寺位于札达县西北处的象泉河畔，始建于公元996年，由古格王国国王意希沃和佛经翻译大师仁钦桑布仿照桑耶寺设计建造，也是古格王国在阿里地区建起的第一座佛教寺院。在藏语中，"托林"指"飞翔空中永不坠落"之意，当时的古格王国大力传扬佛教，托林寺建成后不久便逐渐成为当时阿里地区的佛教中心。

托林寺的建筑主要分为殿堂、僧舍、塔林三部分，均为土木建筑或土构建筑，如朗巴朗则拉康、拉康嘎波、杜康等大殿，还有巴尔祖拉康、玛尼拉康、吐几拉康、乃举拉康、强巴拉康、贡康、却巴康等中小型殿堂，以及堪布

札达土林

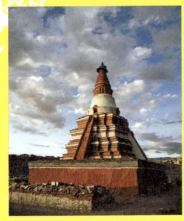

托林寺佛塔

托林寺山门

托林寺周围现存各种大小佛塔83座、塔墙2道，大部分集中在寺院西北侧的平地上。佛塔内有大量模制的小泥像和小泥塔，泥像中有佛、菩萨、度母、天王等，属13世纪以前精品。

（寺院住持）私邸、僧舍、经堂、佛塔、塔墙等附属建筑。但由于种种历史原因，寺院遭到很大的破坏，包括主殿朗巴朗则拉康都在"文化大革命"中被毁，现在遗留下来的有拉康嘎波、杜康大殿和众多佛塔等。

古格一带由于盛产金银，现存佛像多为金银制造。最有名的便是那尊通体黄金、无接缝、镀银眼珠的三眼佛像"古格银眼"，据说，该佛像的制造工艺只有札达县鲁巴乡的工匠掌握，而"鲁巴"在藏语中的意思即指"冶炼人"。当年，以托林寺为主寺的24座分寺所需要的金属佛像与法器，均由这一带的鲁巴工匠铸造。除此之外，在托林寺里还发现了大量用金汁、银汁书写的佛教经文与精美壁画，从中不难想见当年古格王国的富有与强大。

💡 **小贴士**

1036年，印度高僧阿底峡历经10年的颠簸，到达阿里时已将近60岁。阿底峡来到托林寺后，由古格的大译师仁钦桑布等担任翻译广译众经。此间，阿底峡撰写了著名的佛教著作《菩提道灯论》和《密咒幻镜解说》。三年后，阿底峡启程返回印度，途中被迎往西藏腹地弘扬佛法，圆寂于拉萨远郊的聂塘。1076年，古格宗教界在托林寺举行了纪念阿底峡圆寂的大法会，僧侣们不远千里前往参加，史称"火龙年大法会"，成为当时藏传佛教的盛事，使托林寺声名鹊起，成为中世纪西藏的名寺。

古格王国遗址

阿里旅游区之

因为地处青藏高原，古格王国被称为"最接近天空的国度"。这个强大的王国于公元10世纪初建立，17世纪，内部瓦解引来外患从而灭亡，算起来先后传承了20余代国王，距今已有1000多年的历史。

古格王国已烟消云散，留给世界的只是一处遗迹，这处遗迹位于札达县札布让区托林镇的象泉河南岸，距离县城约19千米远，是阿里地区最负盛名的一处历史遗迹。古格王国遗址占地约18万平方米，从山麓到山顶高达300多米，这里有层叠摞起的房屋，有大大小小的佛塔，有密密麻麻的洞窟，几乎遍及全山。据统计，遗址现存879孔洞窟、445座房屋、58座碉楼与28座佛塔等。当暮色降临余晖尽洒时，苍凉而空洞的古建筑群落如同那个已经消逝的古老王国在固守原地回望着过去。

古格王国遗址

王室建筑主要集中在山顶，有房屋40余间，均为土木建筑结构，平顶，多数是一层建筑，但也有两层或三层的。这一部分的建筑物多已残破，但从格局看，仍透出当年颇具匠心的设计理念。古格王朝是吐蕃瓦解后佛教得以在西藏发展繁盛的转折点，它的每一个细节都承载着阿里地区一段段不可被忽略的历史。

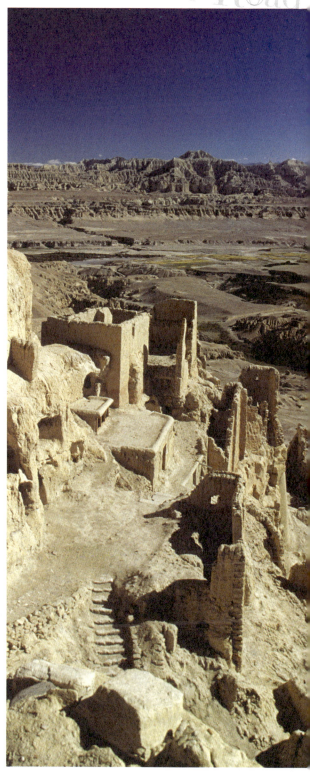

古格王国王宫区白墙

王宫西面，有一处面积约200平方米的建筑残迹，大约有半个篮球场大，系当年王朝集会的议事大厅，为王城中最宽敞的建筑，现仅存围墙。

历经千百年风霜雪雨，古格王国遗址分为上中下三层，上层为王宫，中层为寺庙，下层为民居，现在保存较好的约有5座寺庙和殿堂，里面残留着一些泥塑佛像和彩色壁画。其他大部分屋舍已经坍塌，只剩下若干残垣断壁。遗址的外围还建有城墙，四角设有碉楼，似乎在提醒参观者当年此处也曾上演无数次血腥的杀戮。

在这片遗址出土了大量文物，最惹眼的便是用金汁、银汁书写的经书。古格王国盛产金银，会在一种略呈青蓝色的黑色纸面上，书写一排金汁经文，再写一排银汁经文，极尽奢华之气。另外，遗址附近还发现了不少干尸洞，里面藏有许多具无头干尸的残骸，洞内没有任何保护措施。据考古专家推断，这些可能是当时遇难的守城兵民。

东嘎皮央石窟

阿里旅游区之

东嘎石窟1号窟南壁顶髻白度母像

1992年，考古工作者在札达县境内相邻的东嘎村和皮央村周边山崖上发现了一处较大的石窟群，遂将其命名为"东嘎皮央石窟"，它是迄今为止西藏境内出土的最大的一处佛教石窟遗址，也是中国年代最晚的一处大规模石窟遗址。

东嘎遗址在古格王国遗址西北处约40千米远，散布在东嘎村北面山崖上。这里现存的洞窟将近200个，绵延2000多米，远远望去，犹如一片排序紧密的蜂巢。洞窟包括礼佛窟、禅窟、僧房窟、仓库窟与厨房窟等不同类型，值得一提的要算是礼佛窟，礼佛窟里面绘有大量壁画，包括佛、菩萨、比丘、飞天、供养人像、佛传故事、说法图、礼

各类文献对东嘎皮央石窟最初的具体修建年代均无明确记载，只在一本流传于印度的藏文手抄本《古格普兰王国文》里找寻到一些线索。书中记载皮央寺始建于古格建国初期的公元10世纪，为当时仁钦桑布所建古格八大佛寺之一，70年后又有过一次规模较大的改建。另有藏文献提到东嘎在意希沃时代的公元10世纪建寺。约公元12世纪前后，由于古格国内分裂斗争，丧失了宫王地位，但仍不失为古格的政治、文化重地。如单从遗存石窟的规模、样式及绘画风格特征来看，大致符合相应年代，开凿时期至少不晚于古格早期的11世纪。

佛图、各种密宗曼荼罗以及动物、植物和不同种类的装饰图案。壁画采用特殊的矿物颜料绘制，毫无褪色迹象。这些洞窟成于何种原因？于何时掘成？壁画作者又是谁？关于这些问题，目前在众多的西藏历史、宗教、文化档案中均无明确记载，仍然是个未解之谜。

　　皮央石窟位于东嘎石窟的西北面，仅距1.5千米远。皮央石窟的损毁程度要比东嘎石窟严重，虽然此地壁画不如东嘎石窟，但它的规模要远远大于后者。据悉，皮央一带有保留价值的石窟分作四区，总数多达872座。

↳ 东嘎石窟全貌

> ⊕ 小贴士

·漫步狮泉河·

漫步在狮泉河镇街头，各种商店、餐馆鳞次栉比，夜晚街道灯火通明，各种藏式酒吧和夜总会里传来阵阵歌声，游客可以随时在镇里吃到可口的夜宵。从狮泉河镇到叶城就是著名的新藏线，它穿越举世闻名的昆仑山、喀喇昆仑山、冈底斯山、喜马拉雅山，全长1201千米，翻越16个冰大坂，涉44条冰河，全线经过的几乎所有地段均为无人区，平均海拔4500米以上，是世界上海拔最高、道路最险、路况最差和环境最恶劣的高原公路，对所有旅行者的身体素质而言都是极大的考验。

狮泉河

狮泉河在藏语中称为"森格藏布"，发源于冈底斯山主峰冈仁波齐峰北面的冰川湖，源头海拔5164米，属于冰缘地带。它从这里自南向北流至邦巴附近再转向西流，途经革吉、狮泉河镇等地，在扎西岗附近与噶尔藏布相汇合转向

↪ 狮泉河

狮泉河汇流域内冈底斯山和喜马拉雅山两大山系的雪水，水流量很大，它穿行在高山深谷之间，河床狭窄，两岸石崖壁立，形成许多急流险滩。当它流经狮泉河镇与扎西岗乡之间时，地形变得比较平坦，水流也逐渐慢下来，这就形成了狮泉河附近的冲积平原，形成了喜马拉雅西段与冈底斯山西段之间海拔四五千米的高原上一片难得见到的茂盛的红柳滩，这是大自然对阿里的特别的恩赐。

西北，出境后流入克什米尔地区，成为印度河的上游。在《西游记》里，狮泉河被称为通天河。

狮泉河在中国境内长400多千米，流域面积达27450平方千米，流经地区多为西藏降雨量最少的地区。虽然狮泉河水系地处干旱区，发育情况一般，平均径流深仅为25毫米，年径流量约7亿立方米，是西藏外流河中径流量最小的河流，但它对这片雨量极小的高原来讲，仍然是非常宝贵的水源。

狮泉河分作三段。上游段从源头到革吉，长约152千米，在流经森格卡巴时，因为右岸有泉河补给，泉河所在的山麓形同狮子，所以得名狮泉河。这一段因地势比较平坦，河水流速渐缓，形成大片冲积平原，也为高原地带形成了一处很难见到的红柳滩。中游段从革吉到扎西岗，长约173千米，多为宽谷地区。扎西岗以下在中国境内即为下游段，这一段水程长约87千米。狮泉河一路流过，途中有7条主要支流汇入，最大的一条是长约155千米的噶尔藏布支流。因为这条河水流经的地方绝大部分属无人区，所以水质几乎没有受到任何污染，尤其在平缓地带，河水清澈见底，能清楚看到水中悠游的鱼儿和冲刷干净的层层圆石。

狮泉河沿线

古如甲寺

古如甲寺位于阿里地区的噶尔县门土乡，距直达布日寺仅10千米远。这里有一处西藏历史上最早的修行洞——距今已有2900多年历史的"雍仲仁钦洞"，据说它是珍巴南卡大师曾经修行的地方。1936年，琼钦活佛·晋美朗嘎多杰在修行洞附近主持修建了古如甲寺。

古如甲寺的主要建筑有卡洞拉康、祖拉康、藏康、噶丹居

拉康等，寺里供奉着珍巴南卡大师石塑像、佛母强玛金铜像、敦巴赤祖甲哇、塘玛美珍铜质像、琼钦仁波且泥塑像与12幅唐卡，此外，还供奉着佛塔、法器和《甘珠尔》《丹珠尔》经文。这座寺院在"文化大革命"期间被毁，后来在1983年重新建起。

扎西岗寺

扎西岗寺位于阿里地区噶尔县扎西岗乡的一座小山丘，距狮泉河镇约58千米。当地流传着一则关于建寺的故事：据说，喇嘛达仓哇一路念经前去拉萨朝拜，途中经过小山丘时嘴里正念着"大力倡建佛寺"一句，在返回途中经过此地时，又念到这一句。喇嘛达仓哇便有心在此建寺，他将一尊盛满圣水的"嘎巴里"藏在丘地，祈祷说："若是能建成寺庙，那么圣水便不会枯竭。"第二年，达仓哇仍去拉萨朝拜，在这里经过仔细寻找，居然发现"嘎巴里"的圣水果真还是那么满。他认为这是佛祖之意，遂决定在这一带修建寺庙。达仓哇买来木材，请来木匠、石匠与画师，经过整整7年方才建成这座宏伟的扎西岗寺。

小贴士

扎西岗寺主要的传统节日和佛事活动有：每年藏历元月举行的祈愿大法会，历时18天，届时附近群众都到寺朝拜；二月举行药师供奉节；三月举行供奉乃丹，历时10天；四月称"达赖喇嘛祝寿"念经、供奉护法活动，历时一个月；五月"尼朵嘎居"念经数日；六月托林寺法台到该寺讲经；九月称"勒旺"，供奉大威德金刚佛5～6天；十月二十五至二十六日的"甘丹安曲节"，为纪念宗喀巴大师，表演大型宗教舞蹈羌姆。

风景如画的扎西岗村

扎西岗寺周围建有宽1～1.5米的壕沟，壕沟之内是一面坚实的矩形夯土防护墙，防护墙四角与中部建有角楼与碉楼，碉楼墙体高6～8米，墙上开设有不同形状的射击孔，专为抵御外来入侵者而建。寺内主要建筑有措康大殿、普那贡康、嘎居康与4座扎仓等。措康大殿带有明显的吐蕃时期建筑色彩，周围环绕着转经复道，殿堂中间架起高柱支撑着天井亮棚，便于通风与采光。在大殿南北两端各建有一座小仓库，西侧还建有一座护法神殿。这座寺院里供养着"觉沃"三尊佛像、主护法神为"巴登玛索玛"，另有大小噶当佛塔212座、各类唐卡1008幅。

日土岩画

在这些古拙、简朴的画面上，记录了象雄古老民族的经济生活、社会活动和宗教信仰，留下了作者按照自己对自然现象的理解而创作的独特的写生，其中不乏原始的审美观念和奇异的想象力。

日土岩画

阿里旅游区

岩画是一种石刻文化，主要是指人类在早期社会发展进程中，以尖锐的石器为工具，通过绘在岩穴、石崖壁面和独立岩石上的一些彩画、线刻与浮雕等来表现他们的生产方式和生活内容等。

日土岩画于1985年发现，分布在阿里地区日土县境内的日木栋、鲁日朗卡、阿垄沟、康巴热久等十几处。其中最容易找到的区域位于日土附近，这里的岩画规模较大，数量较多，线条有深有浅，画风古朴刚劲，还有少数彩绘画面。岩画的涉及内容非常丰富，主要以狩猎、放牧、征战、动物、器物、自然物等为内容，动物类的有虎、鹿、羊、野猪、狗、水鸟、老鹰等；人物类的有猎人、武士、牧人以及人兽一体的神灵形象；武器类的有弓箭、弩、长矛、刀、箭等；自然类的有太阳、月亮及植物等。

在日土县班公错东北乌江河谷的山沟里还有一处名为"顶琼拉康"的山洞。洞内面积不大，高宽俱为4米左右，顶部和四周石壁经过粉刷，上面画满了各国佛像和舞蹈人物，有菩萨像、地狱恶鬼像、变形裸体像等。在"顶琼拉康"洞外附近，也分布着不少同类岩画作品，据考证分析，它们应是吐蕃时期以前的藏族民间绘画作品。

明媚而狭长的班公错

班公错位于日土县西北大约12千米处。这面湖水由东向西呈狭长状分布，东西长约155千米，南北宽约15千米，最窄处仅有5米。它的藏语名称为"错木昂拉仁波湖"，意即"明媚而狭长的湖泊"。

班公错的奇妙之处在于虽然两境之内同属一面湖水，但在中国境内的是淡水湖，而在克什米尔境内的却是咸水湖。这面高山湖泊的周边景色非常美丽，远望雪山连绵，近观湖水澄澈，由于光照与深浅的原因，湖水自然呈现出墨绿、淡绿和深蓝等不同的颜色。

尤为值得一提的是，在湖水中心有一处世界上海拔最高的鸟岛，岛上遍布着一些低矮的灌木，满地除了石子碎块便是鸟粪、鸟毛和鸟蛋。在此处栖息的鸟类大约有20种，数量最多时可达数万只，主要有斑头雁、棕头鸥、鱼鸥、凤头鸭、赤麻鸭等。

班公错

小贴士

·班公错鸟岛·

从岸边乘船游览至班公错鸟岛需要30~40分钟的时间，门票价格为30元，租船价格为80元，途中可饱览班公错秀丽风光和远山壮美的景色。在班公错石碑对面，有一家专门烹饪湖鱼的饭庄，既可以花上几十元随意选择，也可花200~400元选择不同档次的全鱼宴。

On the Road
林芝
——太阳宝座，藏地江南

"林芝"在藏语中的意思是"太阳的宝座"。恰如其名，这片区域被喜马拉雅山脉、念青唐古拉山脉与横断山脉相互环绕，宛若端坐于宝座之上。它的东部和东北部与云南省、昌都市连接，北面与那曲地区相望，西部和西南部与拉萨、山南地区毗邻，南部与印度、缅甸两国接壤，边境线长达1006.5千米，总面积约11.7万平方千米。林芝旅游区的平均海拔在3000米左右，这里气候湿润，景色宜人，山环水绕，风光秀丽，原始自然风貌保存得极为完好，下辖的林芝、米林、工布江达、墨脱、波密、察隅、朗县7县处处皆有好风光。所以，林芝旅游区素来享有"西藏的瑞士"与"西藏的江南"之美誉。

尼洋河

🔖 尼洋河风光

在藏语中，藏族人民通常把湖称为"错"，把河称为"曲"，所以尼洋河在当地也被称为"尼洋曲"，有些藏族人民还把它叫成"娘曲"。这条美丽的河水发源于米拉山西侧的错木梁拉，由西向东流经307.5千米水程之后于巴宜区的则们附近汇入雅鲁藏布江。

尼洋河两岸林木茂密，森林植物未遭人为破坏，而且因为河水本身水质清澈，含沙量小，所以在传说中当地人民都说它是神山由于悲伤而流出的眼泪，工布江达一带的人们更是亲切地称它为"母亲河"。清粼粼的尼洋河急急流淌，而雅鲁藏布江却水质浑浊，流速缓慢，两水交汇之后，一清一浊，一明一暗，互相缠绕回旋，形成少见的江水倒流奇观。

在尼洋河中游有一处著名景观"中流砥柱"。这里正处于尼洋河第一大峡谷中，江中一块大如别墅的岩石稳稳矗立。奔腾而来的河水向前疾冲，撞击在巨石上，激起大片大片的浪花，而后又翻翻滚滚夺路而去。其情其景引得过往游人叹为观止，纷纷驻足拍照。当地还流传一则古老的传说，认为这块巨石是工布江达地区的守护神工尊德姆修炼时的座椅。经过"中流砥柱"后，尼洋河水面加宽，水流也稍稍平缓下来，这时从河水中，可以看到两岸美景的清晰倒影，在某些地势低缓的岸滩之地，还可以看见有些少数民族栖居在这里。

太昭古城

自古以来，进藏就有四条路：青藏西道、青藏中道、青藏东道与川藏驿道。除青藏西道以外，其他三条路都要经过一座太昭古城。太昭古城距离拉萨200多千米，在今天工布江达以西大约24千米处。在唐朝时期，这里就是唐蕃古道上的重要驿站。公元7世纪，松赞干布经过这里前去迎娶文成公主，文成公主进藏后，还曾在此停留小住。那时候，太昭古城已经成为西藏的重要城镇之一。到了元朝，这里正式开设了驿站。清朝时期，此地正式设宗，被视作

小贴士

·唐蕃古道·

太昭古城与唐蕃古道连为一体。唐蕃古道建于松赞干布时期，是古代吐蕃与内地联系的交通要道。古道入口右侧山崖有一处凹陷的地方，当地人称之为藏王避雨石。相传当年松赞干布迎娶文成公主回来，路经此地时天降大雨，松赞干布拔剑削山，让文成公主在此避雨。因大雨连降数日不停，文成公主便命随行工匠在山洞内刻下唐王画像，又刻下经文、佛塔、佛像，向上天祈求大雨停止，早日到达拉萨，同时也祈求上天保佑唐王身体安康，国家繁荣昌盛。

🔹 太昭古城

清末，清政府在此设立
太昭宗，当时人口众多，
市镇繁华，店铺林立，
有著名的小八角街和四
个香火鼎盛的庙宇。自
古进藏有四条路——青
藏西道、青藏中道、青
藏东道、川藏驿道，除
青藏西道以外的三条路
都要经过太昭，是清末
西藏经济、文化、交通
的重镇。

国家边疆上的军事交通要地。

太昭古城的名称由来有两种说法。一说是在清朝时期，四川将军赵尔丰入藏驻守，后来因要镇压辛亥革命，被慈禧太后下令召回内地，于是赵尔丰奉"太后诏书"由此而返，所以得名"太昭村"。另一说是在1912年，四川经略使尹昌衡在构建西康省计划时，用自己的字号"太昭"为当时叫"江达"的这个小村庄重新命名，所以才有了今天的"太昭古城"。

太昭古城在清朝时期较为繁华，当时这里被设为太昭宗，即太昭县。市镇上店铺林立，商贾往来频繁，四座庙宇香火鼎

盛，朝拜者络绎不绝。宗政府、牢房、粮仓、学校、邮局、旅馆等设施齐全，藏、汉、回等各民族常常在此汇聚，呈现出一片繁荣兴盛之景。游客们每每游历到此，还可以看到不少古城遗迹，以及那条弯弯曲曲，见证着历史变迁的唐蕃古道。

　　如今的太昭古城，街旁是鳞次栉比的商铺。为了吸引游客，设立了舒适的藏族家庭旅馆，可提供牛肉、酥油茶等藏餐，还有出售藏刀、藏香等特色工艺品的具有民族风情的商店。农牧民群众还组建了文艺表演队，设立了响箭场，为游客表演丰富的具有民族特色的节目。

🐎 巴松错

巴松错最好的季节是秋天，天高气爽风轻云淡，从湖岸到山岭漫山遍野皆层林尽染，丰富的色彩、静逸的环境，是摄影爱好者大显身手的大好时机。

巴松错

巴松错也叫错高湖，"错高"在藏语中意即"绿色的水"，它位于距工布江达县50多千米的巴河上游一处高峡深谷里。这面湖水水面海拔为3484米，长约12千米，宽从数百米至数千米，湖水最深处约66米，总体水域面积为37.5平方千米。每年春秋之季是巴松错最美的季节。湖水清澈明净缓缓流淌，岸边鲜花烂漫五彩缤纷，远处群峰巍峨映入湖中，水面沙鸥白鹤翩翩飞舞，水下游鱼如织悠然往来。尤其是秋天万山红遍之时，只见层林尽染倒映在碧蓝的湖面，灿烂阳光铺洒着层层金波，此番美景惹人陶醉。

巴松错湖中有座空心岛叫扎西岛，当地人都说小岛内部中空，并非是矗立在湖底而是漂浮在湖中。小岛上有座建于唐朝末年的错宗寺，算起来距今已有1100多年的历史。这座小寺

💡 小贴士

去巴松错旅游食宿很方便，从拉萨出发，4个小时就可到达。如包车前往，在八一镇包车最为合适，北京吉普往返每车500元左右。如在巴松错过夜，需负担司机食宿费。巴松错门票价格为100元，最佳旅游季节是秋天，层林尽染，风轻云淡，是摄影爱好者最为喜爱的季节。到湖心扎西岛需要乘坐摆渡木筏。木筏并不以桨摆渡，而是通过手拉一根贯通小岛和湖岸的钢缆"摆渡"。每逢藏历四月十五，当地人便开始踏着巴松错湖畔的小路转湖。转湖一般需要两天，吃住需自备，有时还要涉水而行。

庙为土木结构，分为上下两层，殿内供奉着莲花生、千手观音等。顺着小岛围转一圈，可以看到格萨尔王战马留下的蹄印、挥剑砍石时留下的剑痕、桃抱松、水葬台、树叶上自然形成藏文字母的字母树，以及莲花生曾经洗脸的神泉等。

在湖岸南边的小溪旁，还有一处神奇的"求子洞"，据说在这里求子非常灵验。湖西北有块5平方米大的巨石，巨石中心可容一人钻过，若谁能顺利钻过此洞便可以消灾除病。此外，围绕着巴松错湖岸，还有莲花生修行洞、格萨尔王试箭处等古迹。据说在每年的藏历四月十五日，湖底中心线会浮现出一条白色玉带，那便是专门献给格萨尔王的美丽哈达。

布如温泉群

布如温泉群是林芝一带非常有名的温泉群，这里距离工布江达的娘蒲乡约8千米，虽然路途不远但路况较差，而且不通汽车，只能骑马或步行。这一片温泉群里比较出名的有"布如温泉""喇嘛温泉"与"尼姑温泉"，它们的水温大体保持在40℃～50℃，水流温度适宜，雾气蒸腾，水质里面含有许多微量元素，能治疗多种慢性疾病。

↳ 林芝田园风光

布如温泉由岩石中渗涌而出，有一处碗口大的泉眼，因与地下热水河相通，每每涌泉之时，若侧耳细听可清晰听到"呼吐呼吐"之声，所以当地人也把它称为"听泉洞"。喇嘛温泉大如一张床，水深1米左右，清澈温热，能同时容纳2~3人一起沐浴。巧妙的是，在"温泉床"的外侧恰好立有一块巨大的片状石，旁边小口仅容一人出入，看起来就像是专为沐浴者提供的天然遮挡屏风。尼姑温泉与它相比大有不同，这眼泉水旁边的平台层层叠起，最下层平台侧边有沿，当泉水涌出流下时，最下层平台便显出天然的蓄水功能。因为以前常常有尼姑在这里担水饮用或沐浴擦身，所以得名"尼姑温泉"。布如温泉群附近遍生高大林木，软藤绿草铺地而起，山岩间洞穴相连，水流鸣响，景色非常美妙，是一处不可多得的沐浴仙境。

巨柏林

在雅鲁藏布江和尼洋河下游海拔3000~3400米的沿江河谷里，有一片苍翠而挺拔的高大柏树林，这里就是西藏特有的巨柏自然保护区。从行政区域上看，巨柏自然保护区地

🦶 巨柏林大门

处巴结乡境内，距离林芝仅10千米远。

巨柏自然保护区分布着几百棵千年古柏，这种高大柏树也叫雅鲁藏布江柏木，平均高度为44米，树干直径为158厘米左右，顶端的树冠部分呈巨大的塔形，树干部分极为高大挺拔。在古柏林中间，生长着一株需要十多人张开双臂才能环抱过来的"世界巨柏王"，它的高度不低于50米，直径接近6米，树冠部分在地面的投影居然能达到650多平方米。据专家估测，这株巨柏的年龄应该在2000～2500年，当地人把它视作"神树"，小心地保护起来。

世界巨柏王

秀巴千年古堡

古堡又叫戎堡，在古时即指人们通常所说的烽火台。工布江达县境内有好几处古堡群，现存比较完整，规模比较宏大的有三处：一是娘蒲乡境内下巴塘古堡群，较完整的古堡有4处，占地面积1400平方米，是到娘蒲—巴嘎骑马探险旅游区的必经之地。二是雪卡村古堡群，有4座古堡。三是秀巴村千年古堡群，原有7座古堡，由于年久失修，有两座完全坍塌，现存高低不同的5个古堡，由片石与硬木一起架构而成，高50～60米，堡垒之间相隔30～50米，占地面积800多平方米。它的历史比布达拉宫还要早300多年，看起来十分古老神秘，被称为千年古堡。

秀巴古堡

小贴士

在很久以前，秀巴村并不叫秀巴，当时，那里居住着两个不同教派的僧人，各自拥有自己的寺庙，东边为黄教寺庙，西边则为苯教寺庙。后来，两个寺庙因为教派不同，引起了佛学上的争斗，由于当时苯教寺庙的势力比黄教的势力大，在一场争斗之后，苯教寺庙的僧人将黄教寺庙的主持禁锢起来，并将他活活地剥了皮，因此该地得名为"秀巴"，藏语为剥皮的意思。

秀巴千年古堡的外观呈现12面12棱柱的几何体，内部是规则的八角形，其外墙厚约2米，内侧嵌有木板，可供里面的防守者登到顶部。古堡的顶层设有瞭望孔，防守者登到此处可以观察对方的一举一动，在防御时亦可通过瞭望孔向外发箭，有效射杀对方。如遇情况危急，防守者还可以在古堡顶部燃放狼烟，向附近的援兵寻求支援。

秀巴古堡周围尚有一些残垣断壁，这在当时都是当地群众的住房。住房多以石头砌成，房房相连，高低呼应，在古堡周围形成一道易守难攻的防御体系。这处古堡群虽然历经千年风雨，却依然牢固挺拔，充分展示了一千多年前藏民族精湛的建筑工艺，曾有建筑专家与军事专家将其称为"当时条件下的奇迹工程"。

林芝旅游区之

喇嘛岭寺

喇嘛岭寺位于巴宜区布久乡简切村，距离八一镇东南约30千米。当地人也将这座寺院称为桑多白日寺，在藏语中即有"铜色吉祥山"或"铜顶莲花圣寺"之意。喇嘛岭寺三面环山一面临水，正对着尼洋河河口三角洲，周边环境美不胜收。每到秋天之时，附近山坳里繁花似锦，成片成片的菊花、格桑花竞相争艳，寺院金顶与翠绿松柏、艳丽鲜花相映成趣，寂静的山间偶尔回响起深厚而悠长的诵经声，一圈圈缓缓旋转的转经筒如同时光之轮，伴随着喇嘛岭寺度过无数次日升月落。

喇嘛岭寺整座寺院呈正四角形，外底层屋檐有二十角，第二到第三层屋檐有八角。寺院里的佛殿大致建为塔形，

📷 喇嘛岭寺

高20多米，内径10多米，上部覆有金顶，四处檐角呈飞天倒钩状，四面墙体分别涂有白、蓝、红、绿色。在佛殿里面，底层供奉着莲花生大师像，二层供奉着观音像，三层是无量光佛像，每层殿堂墙壁上都绘有精美的壁画。这座寺院曾在"文化大革命"期间遭到破坏，后来在1984年，由政府出资重新修建，方成今日模样。

古乡湖

林芝旅游区

帕隆藏布江悠悠穿过林芝市的波密县，被当地人视作这里的"母亲河"，风景秀丽的古乡湖便是帕隆藏布江中的一处小水域，它位于波密县城西处约33千米的古乡村，距离林芝约210千米。

古乡湖并不大，湖面海拔2600米，长约5千米，最宽处仅2千米，湖水最深处不低于20米，水域总面积约2万平方米，是一个著名的淡水堰塞湖。别小看了这面湖水，它的来历可不简

雾气朦胧中的古乡湖

单。1950年，察隅一带发生8.5级大地震，导致古乡沟上游流域引发了大规模的"雄陆给尼"冰崩与雪崩，各种堵塞物堆积在上游石坝附近。其后几年，这里仍然不断发生着各类崩滑垮塌现象，使得石坝最终溃决，一场特大型冰川泥石流随之爆发。奔腾下泄的泥石流无情袭击了古乡村，冲埋了许多居民与大片农田。这场巨大的灾祸在周围冲积成一处宽约4千米、面积约6平方千米的泥石流堆积扇形区，而后又渐渐形成了今天这处藏东南有名的堰塞湖——古乡湖。

古乡湖位于群山环抱之中，湖面开阔，碧波荡漾，因为海拔低、气候适宜，所以湖边两岸生长着茂密的松杉林，每年

春秋两季时，景致分外秀丽迷人。在古乡湖中心有座小岛，小 **古乡湖美景**
岛面积约1000平方米，栖息着不少水禽鸟类，是一处天然的水
上公园。此外，古乡湖湖底还有着丰富的鱼类资源，铲齿裂腹
鱼、锥吻重唇鱼、扎木鱼等10多种名贵鱼种均可在此寻见。

💡 小贴士

　　由县城到古乡湖没有班车，只能包车前往，包车往返价格在70元左右。在县城
住宿比较方便，一般价位在100元左右，条件好的更贵些。因为古乡沟源头区泥石流
频频爆发，最多时一年竟有85次，交通常常被中断，所以前往旅游时，需提前了解最
新路况。

米堆冰川

米堆冰川位于波密县东部110千米处，横跨波玉普乡的米美、米堆两座小村，距离扎木镇90多千米。从米堆村到冰川景区只有大约2千米远，从318国道到冰川景区也不过10千米的距离。

这片巨大的冰川源于米堆河上游海拔6800多米的雪山，雪线海拔4600米，末端海拔只有2400米，是西藏非常著名的海洋型冰川，也是世界上海拔最低的冰川。若能从高空俯瞰，可以看到雪山上部自然形成两处晶莹洁白的围椅状冰盆，冰盆中的积雪如果积聚过多，就会发生崩塌坠落，形成声势惊人的冰瀑布一路下跌至米堆河源头。

米堆冰川的主体是两条相夹而行的冰瀑布，每条瀑布高800多米，宽1000多米，像两条银光闪烁的玉龙蜿蜒而下，其情其景蔚为壮观。在它们末端下方之间，有一片辽阔广袤的原始森林，各种高大林木生长其间，烂漫山花遍地点缀，不少野生动物都在这里栖息繁衍。从下往上看整体景象，像是玉龙自碧野中升腾而起，从上往下看，又像是玉龙俯身而卧，如果有游客继续深入，还可以看到晶莹洁净的美丽冰湖。

在米堆冰川景区附近，同时共存着冰川、湖泊、森林、农田与村庄。这里有雄伟壮观的雪山，有成群结队的牛羊，有古朴庄重的藏式民居，有机灵活泼的野生动物，还有冬虫夏草等珍稀药材，称得上是一处景色奇美、物产丰饶的藏区宝地。

米堆冰川

米堆冰川发育在源头海拔6000米左右的雪山，雪山上有两个巨大的围椅状冰盆。冰盆三面冰雪覆盖，积雪随时可能崩落，直立的雪崩槽如刀砍斧劈般。频繁的雪崩是冰川发育的主要补给方式。

💡 小贴士

波密古称"博窝"，藏文意思为"祖先"。波密过去是空守宝地，经济不发达，漫山遍野的山珍以及林木资源等均未用作商品交易。波密人擅长剑术，长短刀不离身，英武不凡，据说是止贡赞普的幼子甲赤的后代。因其重要的地理位置、丰富的自然资源，历史上的波密曾长期脱离西藏地方政府管理，成为藏东南高度自治的一个独立王国，清朝道光年间才统归西藏地方政府管辖。

卡钦冰川

卡钦冰川也叫作暖冰川，在西藏境内各类冰川中属最大的一个冰川。冰川的发育取决于地形和气候的状况，与低温和降水有直接的关系。高原高亢的地势又给冰川的发育提供了有利的基础。

卡钦冰川

卡钦冰川也叫恰青冰川，位于念青唐古拉山东段南坡、易贡藏布江北侧，按行政区域划分，它在西藏林芝市波密县八盖乡境内。"卡钦"在藏语中是指"大冰、大冰川"的意思，这条大冰川长约35千米，面积约172平方千米，最下方的冰舌延伸进原始森林约10千米，在其末端还形成了一道高约600米的冰瀑布。它是中国第三大冰川，也是中国最大的海洋型冰川。海洋型冰川即指冰川形成的固体降水来自海洋水汽，而雅鲁藏布大峡谷以南沿线一带的水汽主要源于印度洋暖湿气流，具有形成海洋型冰川的充分条件，所以这里分布着中国较为密集的冰川带。

大多数冰川都有一个共同特点，就是都有美丽的弧拱构造。弧拱构造多形成于冰川瀑布脚下，是在冰川表面形成的一圈圈凸向下游的弧形条带，就像流水瀑布在下方的水潭中激起的道道涟漪。卡钦冰川除了冰川美景中通常可见的壮阔与圣洁以外，让人关注的还有它的冰舌部分，冰舌部分没有想象中冰川源头那种潺潺流动的水流，而是一条名副其实的冰川地下暗

Chapter 05

河。如果外来的游客能有幸抵达此处，会看见那条被凝固了的地下暗河呈现出凛冽而透明的青碧色，如翡翠如碧玉，令人心生寒意而又印象深刻。

岗乡自然保护区

于1985年设立的岗乡自然保护区位于波密县扎木镇以西22千米处，主要是为了保护云杉高产林及其他珍稀动植物而设。这片保护区西起措木弄巴，东至大瑞弄巴沟谷，北抵雅鲁藏布江支流帕隆藏布江的南岸，南接墨脱交界处，东西宽约12千米，南北长约24千米，总面积46平方千米，其中森林占地面积约28平方千米，森林覆盖率达到61%以上，林木总蓄积量达到252万立方米以上。

岗乡自然保护区分布着大面积的植物群，主要有云杉、冷杉、高山松等。如果按垂直自然带划分这片区域，海拔2400～2600米处为针阔叶混交林带，大多有高山松、华山松、漆树、槭树、花楸、沙棘、忍冬、醉鱼草等；海拔2600～3200米为山地针叶林和针阔叶混交林带，大多有云杉、华山松、桦树、杨树、箭竹等。有些云杉的树干胸径能达1.5～2.5米，树高能到75～80米，单株树木的树干木材多达60立方米以上，是迄今所知世界上生产力最高的暗针叶林。正因为这一地带林木的生长速度非常快，蓄积量非常大，所以它也被视作核心保护地带。海拔3200～4000米即为暗针叶林带，主要分布着冷杉林。

保护区内最惹人注目的植物当属云杉，据了解，这里的云杉产量非常惊人，大约是中国东北林区云杉产量的4～5倍，是北美与西欧等地的3～4倍。除此之外，保护区内亦存在相当多的珍稀野生动物与名贵药材，如出没其间的羚牛、豹、盘羊、黑熊、猕猴、雪鸡、麝、鹦鹉、费氏黄麂等，还有随处可见的五味子、虫草、三七、贝母、天南星、一枝蒿、茯苓、天麻等珍贵药材。

岗乡自然保护区内的云杉林，是岗乡最美的一道风景线。

云杉抱石是岗乡自然保护区内的奇观，在云杉的生长过程中，山石逐渐被云杉包裹。

131

林芝旅游区之

直刺天空的长矛——南迦巴瓦峰

在林芝、米林、墨脱、波密四县交界处的南部有一处马蹄形大峡湾，峡湾内侧便是世界第15高峰、海拔7782米的南迦巴瓦峰。因为排名前14的世界高峰海拔均在8000米以上，所以南迦巴瓦算是世界7000米级山峰中的最高峰。

➕ 小贴士

·旅行攻略·

前往旅游者可徒步进入墨脱后转至南迦巴瓦峰，如不进入墨脱，可在如下几个地点观看：

318国道林芝—波密的路上经过的色季拉山口；去距离林芝市首府八一镇80千米的派乡（又叫派镇），每天早上约八点在八一镇桥头有中巴车前往，票价50元；包车或徒步从派乡继续前行约18千米抵达直白观景台，再前行数千米抵达直白村住宿。这里离南迦巴瓦峰的主峰直线距离仅约5千米，角度非常壮观。从直白村还可请向导带路前往南迦巴瓦峰大本营；从八一镇的两江交汇处有游船从雅鲁藏布江上行至派乡，上岸后前行至直白观景台，该往返全程票价为每人580元。

南迦巴瓦峰全景

"南迦巴瓦"一词在藏语中有多种解释，有人说是"雷电如火燃烧"，有人说是"直刺天空的长矛"，还有人说是"天山掉下来的石头"。据说山顶上还有神宫和通天之路，那些美丽的传说为这座刚烈雄浑的雪峰增添了神秘的光环，当这座诸神曾经光临的雪山圣地出现在眼前，又有哪一位游客能不感慨它的坚实伟岸与无边诱惑呢?

　　南迦巴瓦峰有三条山脊：东北山脊、南山脊和西北山脊。东北山脊长约30千米，直抵雅鲁藏布江岸，脊线上有6座6000米以上的山头突起；南山脊2千米处有一座海拔7043米的乃彭峰，沿着乃彭峰又分别向东南、西南延伸出两条人字形山脊；西北山脊线上有两座7000米上下的高大雪峰，因为气候、降水与地质作用，雪峰中的坡谷沟壑间遍布着数条晶莹夺目的巨大冰川。

　　这座巍巍雪峰不仅有许多著名景观，还分布着丰富的植被物种。如在海拔1100米以下的河谷地带，生长着龙脑香、娑罗双、千果榄仁、小果紫薇、阿丁枫、

🏔 南迦巴瓦峰一景

省藤、倪藤等植物；在海拔1100～2400米，生长着刺栲、薄片稠、香樟、楠木、木莲等植物；在海拔2400～2800米，生长着云南铁杉等；在海拔2800～4000米，生长着苍山冷杉、墨脱冷杉等；在海拔4000米以上，还有各色杜鹃争奇斗艳，再加上绿绒蒿、点地梅、银莲花等鲜艳花朵，山坡被点缀得五颜六色，异彩纷呈。正因为此地植被繁多，物种丰富，许多生物学家遂将南迦巴瓦峰称为"植被类型的天然博物馆"或"山地生物资源的基因库"。

加拉白垒峰

加拉白垒峰海拔7294米，与南迦巴瓦峰相距不远，仅有20千米的距离。加拉白垒峰呈东西弧形走向，西北面生出许多条支脊，这些支脊崖壁高耸，昂然陆立，山势异常险峻。山峰顶部较为平坦，常年覆盖着冰雪，朝下望去，山谷中分布着数十条巨大的冰川。因受降水、气温与山势的影响，加拉白垒峰每年都会发生多次冰崩、雪崩现象。

加拉白垒峰和南迦巴瓦峰隔江而望，关于这两座雪峰当地流传着一个古老的传说。很久以前，加拉白垒和南迦巴瓦两兄弟被上天派去镇守东南。弟弟加拉白垒武艺高强，身材健壮，个子也越长越高，哥哥南迦巴瓦非常嫉妒，很担心弟弟超过自己，便在某夜月黑之时设计杀害了弟弟。为了不让弟弟复活，哥哥还将他的头颅割下，丢弃在今天的米林县境内，化成了德拉山。上天知道此事后大为愤怒，为了惩罚哥哥南迦巴瓦，就让他永远驻守在雅鲁藏布江边，一直陪伴着被杀害的弟弟加拉白垒。所以现在的加拉白垒峰顶部比较平坦，成为一座无头之山，而南迦巴瓦自知罪孽深重，遂常年躲在云彩后面羞于见人。

加拉白垒峰

加拉白垒峰的走向为东西弧形排列，主脊线上向南侧、西北侧增生着数条支脊，多为陡壁悬崖。山谷中发育着数十条冰川。其顶部比较平坦，常年被冰雪覆盖。该地区冰川大都属于海洋型冰川，运动较快，受气温和降水的影响，加之地势陡峭，因而冰、雪崩自然现象十分频繁。这里雨季较长，同时云量也很大，峰体终日云雾缭绕。

鲁朗林海

在藏语中，"鲁朗"的意思是"龙王谷"。鲁朗林海位于巴宜区鲁朗镇境内，距离八一镇约80千米远，由通过此处的川藏路行至一片深山老林即可到达。鲁朗林海海拔3700米，长约15千米，宽约1千米，是一片狭长而典型的高原山地草甸。

两列青山如两队士兵忠诚地守护着这片巨大草甸。青山之上全是密密层层的云

杉松林，每有阵风拂过，这片林海便犹如波涛滚过，发出阵阵轰鸣。林木之间纵横交错着河流溪水，一年年哺育着青山与草甸。那片狭长而平整，如同人工整治过的草甸上，到处盛开着春崐花、紫苑花、草梅花、马先蒿等上万种各色鲜花。附近还有农牧民居住的村落，木篱笆、木板屋与牛羊家畜星星点点，山间云雾时高时低时聚时散，宛如神奇美妙的人间伊甸园。鲁朗林海最美的景色在秋季。每年此时，山

腰处的松树青葱不凋，山两侧的树叶由绿变黄再由黄变红，无论是朝霞初升还是夕阳西下之时，都会变幻成漫天金红，飒飒作响独成一景。

来到鲁朗还需提及的是鲁朗石锅。石锅的原产地在墨脱，它用整块石头手工凿成，因为里面含有多种微量元素，用来炖汤极为美味。若在其中加入藏鸡和手掌参等药材一起炖煮，就是当地有名的美食石锅鸡。在鲁朗镇街道两侧分布着几十家石锅店，由于近年来价格上涨，石锅已贵得离谱，有些价格甚至高达几千元，有心购买的游客最好多看多挑再作决定。

🚩 **鲁朗林海**

鲁朗林海没有阳光，但那里的云是真的很低很低，仿佛触手可及，云雾缭绕犹入仙境，那里的植被很丰富，空气质量很高，花也开得很漂亮，可以想象三月林芝肯定是花的海洋。

世界上最深的大峡谷——雅鲁藏布大峡谷

雅鲁藏布大峡谷北起米林县大渡卡村，南到墨脱县巴昔卡村。峡谷全长504.9千米，平均深度2268米，最深处达6009米，平均海拔在3000米以上，是世界上最深的大峡谷。因为雅鲁藏布大峡谷许多地区至今无人涉足，所以它又被称为"地球最后的秘境"。这片神秘的领地因地形复杂、风光奇绝、植物繁茂、资源丰富而举世闻名。整个峡谷由上而下排列着从高山冰雪带到低河谷热带季雨林等9大垂直自然带，包括青藏高原已知高等植物种类的2/3，已知哺乳动物的1/2，已知昆虫的4/5以及中国已知大型真菌的3/5。这里还分布着世界最大降水、世界濒临绝种的古老物种、世界上最丰富的水能资源与稀有生物资源……所以，人们也称它为"植被类型的天然博物馆""山地生物资源的基因库"。

雅鲁藏布大峡谷秀甲天下。从低谷到高天，从雪峰到林海，从江水到怪岩，从珍禽到植被，每一处景观都令人惊叹，每一种生灵都鲜活多姿。这里有巍峨高耸的南迦巴瓦峰和加拉白垒峰，峰顶处冰川悬垂，云雾缭绕；有奔腾咆哮的雅鲁藏布江，江水湍急，江面宽阔，周边景色奇丽而壮观；这里有海拔仅为155米的巴昔卡，深谷幽壑难见人迹；有改变河流、奇绝陡险的马蹄状大拐弯；这里还有成千上万种各类植物花卉，仅

🚩 雅鲁藏布大峡谷

高山杜鹃就多达154种；许多国家重点保护的珍稀动物更是不计其数，如石貂、云豹、雪豹、小熊猫、马麝、黑熊、长尾叶猴、棕颈犀鸟、红胸角雉、眼镜王蛇、蓝喉太阳鸟、黑颈鹤……雅鲁藏布大峡谷堪称是中国西南境内的一块风水宝地。

藏布巴东瀑布群

林芝旅游区

在西兴拉山下，距离帕隆藏布江入口约20千米处的河床上，有两处壮观的瀑布，仅相隔600米左右。这两处瀑布是雅鲁藏布大峡谷中最大的河床瀑布，它们与附近零散分布的一些小瀑布形成了著名的藏布巴东瀑布群。

第一个瀑布高35米，宽62米，中间有块巨石，瀑布下坠时在此处分为两股直飞而落，激起高达100多米的水雾。雅鲁藏布江流经此处时形成一处S形锐角拐弯，江水顺流而下，大约行至600米以后，又出现了第二个瀑布。第二个瀑布高35米，宽35米，与前者相比，虽然它比较窄，但流速却很急。这就致使瀑布下跌时拍击石壁水鸣如雷，激得底部深潭处水花激烈翻腾，突突鼓涌如沸腾的牛奶。雅鲁藏布江在这里又形成一处近似直角的拐弯，奔腾约100米后，继续奔涌向四个小瀑布。

四个小瀑布落差不大，仅为5米左右，它们都是由泥石流或山崩现象堆积而起的石头形成。从第一个大瀑布到第四个小瀑布之间，咆哮怒吼不可一世的雅鲁藏布江下降了100多米水位，也就是说，六个大大小小的瀑布总落差不低于100米。

藏布巴东瀑布群附近因为地势突兀，致使瀑布澎湃激昂，景象壮观，那种震撼人心的雄浑之美令人心悸又神往不已。每年只有在枯水期时，游人们才能到达数百米外的高地观赏，若是到了洪水期，雅鲁藏布江江水泛滥，此处极不安全，根本无人敢近。

藏布巴东瀑布群

藏布巴东瀑布群气势壮观、澎湃激昂，是西藏雅鲁藏布大峡谷内的神秘壮景。洪水期时，雅鲁藏布大峡谷内江水泛滥，深入峡谷考察只能选择枯水期。有幸见到藏布巴东瀑布群的只有少数科学家、探险家和摄影师。

藏族所有史记中都公认，苯日神山是世界上唯一一座是由敦巴辛饶佛亲自加持的神山。因为此山是被幸饶弥沃如来佛祖加持过的大神山，所以至今仍然被加以重视和崇拜。绕转苯日神山也是全世界众多信众心中的理想。

 林芝旅游区

苯日神山

      苯日神山也叫蓬日神山，位于巴宜区驻地普拢的东南方，雅鲁藏布江的北侧。这座山峰高耸直立，巍峨挺拔，山上丛林密布，连绵成片。每年春夏之时，这里绿树葱茏，春意盎然，莺飞蝶舞百花争艳，到了秋天，又是万山红遍，层林尽染，隆冬来时，白雪皑皑，遍地银妆，全然一派纯净圣洁之地。

      关于苯日神山有一则古老的传说。相传，莲花生大师进藏时与阿穷杰博比试法力，莲花生大师在雅鲁藏布江与尼洋河交汇之处，施展法力吹起狂风，意欲将附近的村庄和树木全部毁去，阿穷杰博见情形危急，赶紧调来巨石压住大片树木，方才避免一场灾祸的发生，所以人们会看到这一带的树梢大多是歪的。两人接着又来到苯日神山脚下的古鲁村接着斗法，莲花生

💡 小贴士

      色迦更钦寺是苯教最古老的寺庙，相传已有1200多年的历史。每年的藏历四月，都有很多鹰绕寺盘旋，非常神奇。传说有一位著名的苯教僧人在去世前，说自己将不再转世，会变成100只鹰来看大家。为了纪念这位僧人，人们将每年藏历四月三十日作为拜鹰节，附近的男女老少都穿上节日的盛装，来到寺庙，举行各种法事活动，并跳起欢快的工布舞，向神祈愿五谷丰登，人畜兴旺。

寺和达孜寺四座小型寺庙。每年"萨嘎达瓦节"时，信徒们会聚在此地，以逆时针方向转经行走。

米拉山口

米拉山口位于拉萨到墨竹工卡县、林芝市、工布江达县的分界上，是从拉萨到林芝一带旅游线上的必经之处，所有循此路线进藏的游客都会在这里稍作停留。

米拉山口是一处地理分界点，也可说是一处气候分界点。它是林芝市海洋性气候和拉萨地区内陆性气候的自然分野，由此往西，气候干燥寒冷，而由此往东，气候却温暖湿润，利于各类植物生长。米拉山口立有一块方形石碑，石碑上标明此地海拔5013.25米。附近还有一座牦牛石雕昂然挺立，旁边注明该石雕名为"雪域之舟"，它是米拉山口的标志性建筑。附近有一些大大小小的玛尼堆，玛尼堆上不少

米拉山口

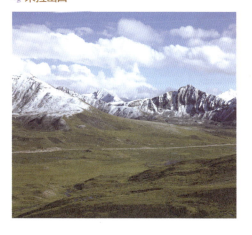

大师几次欲将神山推入尼洋河，可均被阿穷杰博成功阻拦。

据说，苯日神山顶部还有一棵巨树，巨树附近终年云雾缭绕，难以辨清模样，当地人认为，它是通往另一个宇宙的通天之树，如果有幼子夭折，可将其装在箱子里葬在巨树枝杈之间，这样便可以让孩子的灵魂升入天堂。除巨树之外，苯日神山还留有大石崇拜、神鸟崇拜、天梯以及神水等传说中的遗迹，在它周围还分布着杰日寺、达卓萨寺、色迦更钦

红红绿绿的彩色经幡随风飘荡，那都是途经此处的朝拜者与游客所留，有的经幡上还写有经文。它们就像历史的见证者，见证着朝拜者内心的虔诚，也见证着旅游者途中的喜悦。路旁时常可见藏族小伙儿在不停地兜售经幡，有些外地游客会兴致勃勃地买下一两条高高挂起，同时在心里许下真诚的祝愿。

背崩瀑布与汗密瀑布

墨脱风光靓丽，景色绝妙，被人称为西藏最神秘的地方之一。"墨脱"在藏语中的意思是指"莲花"，这片隐藏在深山里的莲花美地令许多游客身心向往，他们不辞辛苦地远道而来，尽情饱览墨脱的秀丽景色，其中不可错过的美景便有背崩瀑布与汗密瀑布。

背崩瀑布与汗密瀑布是墨脱县内的两条著名瀑布。背崩瀑布位于背崩乡附近，当夏天水量丰富，这条瀑布奔腾呼啸着倾泻而下，如巨龙出山又如千军横扫，其景其势惊心动魄，那瀑布跌落谷底时激起的水沫烟雾，高达数百米，经阳光照射，如雪花漫天又如碎玉飞舞。当冬天水量减少时，这条瀑布又变得妖媚秀丽起来，如轻纱飘落般轻缓悠然，另具一番风情。

汗密瀑布位于背崩乡汗密站。这条瀑布三层迭起，落差高达400多米，所以也叫"三叠泉"。汗密瀑布的三层水景各具特色：第一层瀑布自山巅奔腾而来飞泻直下，激起大片水汽"轰隆隆"的水声如惊雷又如战鼓，惊天动地，不绝于耳。第二层瀑布因为瀑布宽大，先是从高处的绿树丛中缓缓流出，而后再急泻而下。第三层瀑布坠下时路遇巨石，瞬间劈裂，而后再曲曲折折地泻落下来，一路行至多雄拉河。

扎西绕登寺

扎西绕登寺位于林芝市米林县西部、雅鲁藏布江北岸的扎西绕登乡，距离八一镇约72千米。这座寺庙简称"扎绕寺"，建于公元15世纪，其前身是尕目寺，所以当地人也称它为"尕玛日扎绕登寺"。寺庙两面环山，西面为得乾朗塞山，东面为恰堆山，北面为雪巴村，为

米林县级文物保护单位。

扎西绕登寺是林芝市最大的寺庙之一，占地面积为4887.8平方米，建筑面积为2437.3平方米。整座寺庙庄严肃穆，雄伟壮观，里面供有释迦牟尼、宗喀巴大师和护法神等塑像。在它鼎盛之时，各地来此朝拜的信徒络绎不绝，寺内僧人多达300多人，但现在已难以寻见昔日的辉煌，除了原有的珍贵文物外，只有3个人负责管理日常事务。

扎西绕登寺每年都有各种宗教活动，最隆重的要属在藏历九月二十一至二十三日之间举行的"拉普堆钦羌姆"。这项活动是西藏全区性的宗教活动，由该寺第一代活佛吉喜阿·仁钦朗杰创建，到现在已经有500多年的历史。每到此时，许多人都会穿上节日的盛装跳起一种古老的宗教舞蹈，更多的人则带着香草、青稞酒、糌粑面等来到寺庙、河畔、山顶等处虔诚地烧香拜佛，许下自己的心愿。

风景如画的米林县

得天独厚的地理位置，众多的山川河流，复杂的地形地貌，构成了引人入胜的自然景观。米林境内群山环抱，森林茂密，青山黛绿，雪山绵延；奔腾的江河，纵横交错，一泻千里，沿江怪石险滩引人入胜；陡峭险峻的高山峡谷，秀美独特。

 小贴士

传说在一次特大地震灾害中，扎西绕登寺不幸被毁。1422年，宗喀巴大师的弟子吉喜阿·仁饮朗杰奉命重建。在去建寺的途中，他先后碰到了两个小孩，问到他们的名字，得知一个叫扎西，一个叫绕登。在藏语里这两个名字的意义都非常吉祥，于是他决定将寺庙取名为扎西绕登。

Chapter 06

On the Road
昌都
——康巴腹地，藏东明珠

　　昌都是西藏自治区所辖七个地区（地级市）之一，地处横断山脉和三江（金沙江、澜沧江、怒江）流域，位于西藏东部，处在西藏与四川、青海、云南交界的咽喉部位，是川藏公路和滇藏公路的必经之地，也是"茶马古道"的要地，素有"藏东明珠"的美称。昌都是康巴文化的发祥地，这里的藏族常以"康巴人""康巴汉子"自称。由于居住地域和社会交往的因素，自古以来，昌都康巴人较早地接受了来自青海、甘肃等地的黄河文化、来自四川、重庆的巴蜀文化、长江文化和来自云南白族、彝族、纳西族、傈僳族等多民族文化中的精华部分，并将其融入了自有文化之中。昌都的主要景点有：藏传佛教格鲁派在康区的第一寺强巴林寺、噶玛噶举派的祖寺噶玛寺；出产冬虫夏草等名贵植物的邦达草原；卡若遗址（卡若藏语意为"城堡"）；来古冰川和西藏最美的湖泊之一然乌湖等。

↑ 强巴林寺大
讲堂和大殿

强巴林寺

昌都旅游区之

　　昌都强巴林寺位于昌都镇内的四级台地上。该寺是由宗喀巴弟子喜绕松布于公元1444年创建的。传说格鲁派宗师宗喀巴16岁时由青海到拉萨学经途中，路过这两水交汇的秀美之地时预言这里将是弘扬佛法之地。后在1444年由宗喀巴的晚年弟子喜饶松布在此历时八年建成。建寺时喜饶松布到一千户家去讲经化缘，该千户就将自己家的草场奉献了出来作建寺之址。据说现在寺庙五大扎仓之一的桑堆扎仓的位置，就是当年千户搭牦牛帐篷的地方。

昌都寺与内地王朝的关系历来极为密切。从清朝康熙帝开始，该寺主要活佛受历代皇帝的册封。寺内至今保存有康熙五十八年五月颁发给帕巴拉活佛的铜印。乾隆五十六年，乾隆帝为昌都寺书赠"祝厘寺"的匾额。昌都强巴林寺有五大活佛世系，十二个扎仓，僧人最多时达5000余人，并辖周围小寺70座。该寺主要建筑保存完好，经堂内塑有数以百计的各类佛像和高僧塑像，上千平方米的壁画以及众多的唐卡画，可以说是汇集了昌都能工巧匠的聪明才智，代表了昌都一带最高水平。强巴林寺的"古庆"跳神素以狰狞逼真的面具、整齐典雅的动作造型、宏大的场面而闻名雪域高原。该寺跳的铖斧舞，服饰整齐华丽，舞姿古朴典雅，配器简约清越。以该寺独有的宗教舞蹈为形式的昌都藏戏在整个西藏自成一派。该寺喇嘛跳的"卓"舞更是一绝。强巴林寺不仅是康区最大的寺庙，而且还堪称康区文化艺术宝库。

↳ 卡若遗址出土的双联陶罐

卡若遗址

昌都旅游区之

卡若遗址是西藏一处新石器时代的遗址，位于卡若区以西约12千米附近。这里南北两山相逼，中间形成狭长的山沟谷地，海拔3200米。从雪山和森林地区流来的卡若水，经过遗址南侧汇入澜沧江。这里有水有森林，宜农宜渔宜狩猎，是原始人选择居住的良好环境。卡若遗址考古发掘于1979年，发掘面积1800平方米，清理出房屋遗址29座、石墙3段、圆石台2座、石围圈3座、灰坑4处。出土石器7978件、骨器368件、陶片2万多块、装饰品50件。

卡若遗址的时代，应属四千到五千年前的"新石器时期"。在这个时期里，人类物质文化的主要特征是学会了磨制石器，发明了陶器，开始了各种植物和动物的饲养。卡若遗址出土的东西基本上具备这些特点。遗址中出土的石器有打制石器也有磨光石器，种类也较多。计有铲类、锄类、切割器、投掷器、尖状器、砍砸器、敲砸器、刮削器、碎磨器、石砧等，还有石镞、石矛等细石器，有的石器，特别是磨光石器有的采用玉石制作，打磨得极为精细。出土的骨器有骨钻、骨针等。各种各样的骨针，制作得非常精细，这说明当时的生产和工具制作的技能都已到了相当高的水准。

卡若遗址房屋构造复原图

卡若遗址的房屋建筑，据初步分析，大体可分为两种类型。第一类是木结构的草泥墙建筑。以草拌泥筑墙可以增强坚固性能，使其不开裂缝。居住面用土垫平，然后夯实或烘烤，使其坚固耐用，房屋中央有石头砌成的炉灶。室内和房子四周较均匀地分布有柱洞。第二类为半地穴式的卵石墙建筑，居住面规整而坚硬。墙壁用石块靠穴壁垒砌，黄泥抹缝，多为方形，从村落布局看，当时人们居住的区域已有一定规律。房屋遗迹像是打破了叠压关系，比较复杂，可以分为三期遗存，至少延续了500年。原始村落布局除房屋外，还发现有石铺路、石墙建筑、窖穴等，说明居住者在努力改善居住条件。卡若遗址还出土了大量的粟粒和谷灰，这说明早在4000多年前，西藏就有了原始的种植业。同时已经知道选择适应性能良好、抗逆性很强的粟米种植。

卡若遗址的发掘，以雄辩的事实证明，早在四五千年以前，藏族的先民就曾在这块土地上劳动生息。他们辛勤创造的远古文明，至今仍在这雄伟的高原上散发出绚丽的光辉。

噶玛寺

昌都旅游区

噶玛寺位于卡若区扎曲河上游约120千米的白西山麓的幽静山谷里，其中能通公路的里程为95千米。噶玛

寺是由噶举派高僧都松钦巴于公元1185年创建的。该寺是噶举派的祖寺，噶玛噶举也因该寺而得名。

噶玛寺历史悠久，建筑风格别具特色，具有藏、汉、纳西等民族和尼婆罗（今尼泊尔）的工匠精心设计修建的建筑风貌。主体建筑由措钦（大雄宝殿）、拉让（活佛别墅）、扎仓（僧院）、塔殿等构成。措钦大殿面积为2240平方米，高三层，系土石结构，为单檐歇山形式，屋面覆盖琉璃瓦，屋檐正中是藏族工匠设计建造的狮爪形飞檐，左边为汉族工匠建造的龙须形飞檐，右边为纳西族工匠建造的象鼻形飞檐。经堂和前廊是以藏式平顶修建，寺顶横木飞檐，覆盖有蓝色琉璃瓦。主殿系木质结构，屋顶歇山式，房檐以下

全是斗拱承托。殿内面积达810平方米，殿中以12根特长大柱支撑天窗，光线充足；壁画以释迦牟尼传记为主，内容有乘白象从兜率宫下凡、入胎摩耶夫人、七步生莲、出家修道、初转轮、娑罗树下涅槃等。大殿后面主供第七世噶玛巴·却扎嘉措（1454～1506）建造的释迦牟尼佛镏金铜像，高17米，系昌都市最高大的塑像；其左侧供奉第二世噶玛巴·拔希却吉（1204～1283）塑造的强巴佛泥塑像；右侧为喇嘛拉康，内供历代噶玛巴活佛像。四周壁画为塔布噶举祖师塔布拉杰和噶玛噶举黑、红帽系活佛画像。措钦大殿二层右侧为历代司徒活佛（为噶玛噶举派三大活佛转世系统之一）的静室和小佛堂。措钦大殿三层顶部为藏式平房，正中饰以镏

谷布神山

金铜轮，左右两侧配以镏金铜孔雀，据说是大明皇帝所赐；三层后面是观音殿，内供大悲观音菩萨像。

噶玛寺在历史上影响深远，其建筑别具一格，文物古迹众多，是康区著名的古刹之一。第二世噶玛拔希从内地带来的汉柳树至今根深叶茂，高僧都松钦巴等人的灵塔也完好无损。明使臣来噶玛寺赠送的万岁牌旌旗缎带、丝绸等刺绣品、近百幅传世唐卡以及不少佛像、陶器、高僧遗物、贝叶经、瓷器等文物至今保存完好。

谷布神山

谷布神山是康区十八座著名的岩山之首，它位于卡若区日通乡与如意乡交界处，距县城40千米，其中通公路约30千米。该山是昌都附近最高的山峰之一，海拔5400米左右，登上顶峰，周围的群山尽收眼底。谷布全称为"杂加谷窝琼普"。传说在很久以前，有一只巨型大鹏鸟从远方飞来，在此栖息时，在山顶穿了一个大洞，故称为琼普，意为大鹏穿透的溶洞。谷布山势险峻雄伟，异峰突起，山顶是裸露的石灰岩。整个山峰转一圈骑马需两天时间。高原岩溶所特有的石芽、石柱、溶洞、穿洞、竖井等，在这里随处可见。位于谷布半山腰的仍宁洞，是该山上规模最大、知名度最高的一个洞，传说莲花生大师在此修行过。洞口处建有不少佛塔和塑像。此洞可容纳上千人，堪称昌都市第一大洞。如果你在游览中留心观察，还可拣到一些奇形怪状的石头。

果普白宗神山

康区著名的神山果普白宗位于江达县岗达村境内，距离县城5千米。此山乃西藏山南地区扎日神山的子山。相传江达县字嘎寺第四世—多吉扎波，在一日修行时，感知莲花生大师托付他为神山开光，多吉扎波用法力为神山开光。从此该山成为当地有名的神山，距今已有1200多年的历史。上神山需翻一座相传为生死山的山梁，翻越该山就象征翻越死亡，翻越之后，人可转世轮回。半山腰有两座山洞，一名老虎洞，一个是罪孽洞。罪孽洞前有一尊观世音菩萨像，栩栩如生，雕刻技艺甚是精湛。罪孽洞由大小两洞构成，此处道路险峻，相传罪孽大者难过此洞，罪孽洞的称呼由此而来。

神山周围的百年松柏，奇花异草和大片的草坪以及大自然构成的各种奇观更使果布白宗神山增添了许多神秘色彩；有关神山的美丽传说流传至今，使其成为江达县一道美丽的风景旅游区，慕名而来的信教群众和游客络绎不绝。

通夏寺

昌都旅游区之

通夏寺始建于公元705年，属于藏传佛教花教派别，是西藏自治区重点文物保护单位。寺庙建筑结构汇集藏、汉、印三种不同的建筑风格，整体构造气势宏伟，加之小溪潺潺、绿树荫荫，成为了一处极佳的旅游胜地。

通夏寺早期培养的高僧，先后成为达垅噶举派的创建人，如达垅塘巴·扎西贝、桑吉雅君、桑吉温等高僧，早年均就读于通夏寺。据史料记载，通夏寺是由后弘期高僧噶顿·普布瓦于1096年创建的。噶顿·普布瓦生于1011年，贡觉人，先后到卫藏和印度学经，曾拜阿底峡为师，后至阿里、卫藏传法，85岁时返回老家，创建通夏寺。此地原有造型独特的三层殿堂，称为玛堆殿。第一层为藏式，第二层为印度式，第三层为汉式建筑，屋顶为单檐歇山式，上盖琉璃瓦。据说，此即文成公主为镇压女魔四肢关节而修建的镇女魔掌心寺。民间还传说此殿为文成公主所建。

远眺通夏寺，在山腰之际，通夏寺的红墙格外引人注目。

从不同的角度去看，谷布神山都能给人以难以言说的心灵震撼。

🔸类乌齐寺木雕三世佛经书盖　　🔸类乌齐寺大殿查杰玛

通夏寺初奉噶举派，不久改奉萨迦派。八思巴至大都时曾路经贡觉通夏寺，并且出资维修了文成公主时所建的四大镇翼寺之中的玛堆殿。还另建了一座面积为30根柱子的殿堂，该寺随之改奉萨迦派。

如今寺内珍藏有许多珍贵文物。有国师八思巴馈赠的神像、大明永乐年间的宗教法具、用羊毛丝编织的唐卡，相传还有格萨尔王使用过的宝剑等。

类乌齐寺

全称"类乌齐祖拉康"，位于西藏类乌齐。为噶举派达垄支派在西康地区的主寺，也是西康地区最大的一座寺院。1276年由桑结温创建。桑结温原为达垄寺堪布，后退位至西康建此寺。寺中大殿内供有大小佛像4万尊，金汁写成的经书2万卷，金银杂汁和银汁写本约3万卷。佛像中以桑结温建寺时所铸紫释迦牟尼像最为珍贵。据传该像腹内有佛舍利和手指一节。该寺寺主初为桑结温家族世袭，传至十二代后改为转世，其转世系统称为"济仲"。济仲第三代曾受明朝嘉靖皇帝封赐。清雍正九年（1731），又敕封济仲十三代庞珠（昂旺朗杰）为呼图克图，赐予金册金印，并封类乌齐为其采邑。现寺内活佛系统，一为济仲，一为孜巴。有属寺58个。

类乌齐寺大殿查杰玛造型独特，华丽宏伟，主体建筑高达30米。大殿为三层，分别由三种颜色绘饰：第一层为"条花殿"，墙高13.5米，外墙用红、白、黑三种颜色涂抹竖形纹饰，每道竖条有1米多宽，每面墙各35条，富有装饰感，殿内有巨型大柱64根，柱高15米；第二层为"红殿"，外墙涂抹红色，楼高9米；第三层为"白殿"，墙体抹白色，楼高5米，沉稳神秘。殿顶有高耸的金顶，玲珑升腾。查杰玛大殿外观呈正方形，面积2856平方米（长56米，宽51米），给人以沉稳庄严和神圣之感。二层红殿内在两面巨大的墙上绘有噶举派历代祖师和高僧大德，形象地再现了噶举派产生、发展和兴盛的历史，人物造型生动，神态各异，显示了高超的艺术。三层白殿内则珍藏着寺庙的镇寺之宝。有相传为桑吉温在建寺时从上部达隆带来的释迦牟尼佛紫金像，据说佛像内藏有佛祖的舍利和一节指骨。有元、明、清时代的唐卡精品54幅，其中历经一千多年的有12幅，其余的至少也七百多年的历史，还有2幅大型丝绣唐卡。有用金汁、银汁书写的经书，其中有九百多年历史的在靛青纸上用纯金汁抄写的佛经5部。此外，还有许多珍贵的文物，例如，有据说是用龙泥塑造的印度菩提伽耶塔像1尊，已有二千四百年历史；有用乌铜造的"嘎丹塔"3座，据说已有一千多年的历史；西方和尼泊尔、乌仗国、克什米尔、汉地及西藏本土的佛像212尊，已有五百至一千年历史。这些珍宝一般不轻易示人。

孜珠寺

孜珠寺位于丁青县觉恩乡境内的孜珠山上，离县

↳ **孜珠山风光**

城约37千米。据说孜珠寺的历史最早可追溯到二三千年以前。孜珠寺是苯教著名高僧罗邓宁波·仁增康珠于14世纪中期再度兴建和恢复的。"孜珠"意为六座山峰。这里异峰突起，挺拔险峻，怪石嶙峋，禅洞叠叠。由于历史的原因，苯教这个曾经一度掌握过西藏政教大权的原始宗教，后来不得不让位于佛教，而到边远偏僻的地方隐藏起来，以保存自己的势力。这使琼波丁青的三十九族地区成为苯教寺庙和教徒最多、影响最大的地区。而孜珠寺是康区一带现存规模最大、教徒最多、苯教仪轨保存最完整的寺庙之一。孜珠寺的苯教禅院可系统地讲述苯教经典、传授包括神秘而古老的苯教无上瑜伽等各种修习方法。该寺还存有一种古老的苯教裸体神舞。

同卡寺

昌都旅游区之

同卡寺全称为学呢八宿嘎登桑珠林寺，俗称同卡寺。它位于八宿县同卡乡政府所在地，离县城250千米，通公路。该寺是由洛巴·江村生格于公元1473年创建的，为功德林拉让（西藏政府摄政之一）所属的一座寺庙。同卡寺为祖国统一、民族团结、藏汉文化交流等方面曾作出过突出的

↪ 同卡寺

贡献。尤其是自该寺第七世达赖活佛罗桑巴登江村任雍和宫的堪布以来，与内地的宗教文化交流更加频繁。该寺至今珍藏着大量的佛像、刺绣等珍贵文物。有来自古印度铸造的佛像，吐蕃时期藏族自己铸造的佛像，更有内地铸造的佛像。他们珍藏的绸缎刺绣量多质好，有刺绣、缂丝、绸缎、锦缎等品种。明永乐年间和宣德年间铸造的双龙戏珠的钹以及万岁圣旨等都是极为珍贵的文物。该寺大殿中还供有三座肉身灵塔。在离寺庙约500米处，有一座称为泽培波公切的塔，塔呈四方形，底宽36米有余，高约25米，从外形看，塔为六层，实际内部只有三层经堂可绕塔观赏。每层塑有大小各类佛像。该塔稳重挺拔、气势雄伟、造型独特，它是昌都境内最雄伟、最高大的佛塔之一。

同卡寺所藏铜镏金骑羊护法像

同卡寺所藏铜镏金多闻天王端坐狮背像

157

Chapter 07

On the Road
藏地风情——雪域高原的文化景观

民风习俗就像贴在每个少数民族身上的隐形标签，从不会消失淡去，它已根植在这片土地，随着岁月流转而变得越来越鲜艳浓烈。藏族便是这样一个个性鲜明的高原民族，他们在服饰、美食、民居与节庆、歌舞等各方面无一不流露出高原的独特韵味。

藏族可能是最重视衣物与装饰的民族之一，深入西藏，处处可见藏族人民身着宽大舒适的藏袍、华丽鲜亮的皮帽与粗犷舒适的牛皮靴子。西藏最常见的特色食物有酥油茶、奶茶、青稞酒、糌粑与风干肉等，它们是抵御高原酷寒的绝佳食物。牧帐与碉楼是西藏最传统的民居，此外还有庄园、古堡等。藏族是我国节日庆典最多的民族之一，较具代表性的传统节日有藏历新年、望果节、林卡节等，大型的宗教节日有雪顿节、传昭大法会等。每逢年节之际，热情的藏族人民都会聚集起来，顿足为节连臂踏歌，跳起传统的锅庄、堆谐、热巴卓、羌姆等。只有置身其中，才能体会到那种极富感染力的热烈与欢快。

宽大温暖的藏袍，华丽的藏袍与头饰

高原霓裳

藏地风情

最能表现藏族风情的服饰可能就是藏袍了。藏袍主要用棉布、绸缎、羊皮、氆氇等制成，没有口袋，不系纽扣，犹如一种无须量体裁衣的直线服装，它最明显的特点是长袖、宽腰与右襟，最讲究的地方在衣领、襟边、袖口、下摆与腰带等处，许多藏族群众往往会在这些地方镶上贵重的毛皮、氆氇或丝绸绲边。藏袍与青藏高原的独特地理与气候环境及长期形成的畜牧业生产和生活习性紧密相关，

青藏高原海拔高，年平均气温较低，昼夜温差很大，即使在夏季，早晚与中午也冷暖有别。早先的藏族同胞多以游牧为生，经常露天行宿，在炎热的中午，他们会脱下一只袖子围系在腰间，傍晚或早晨来临时，再穿上两只袖子，待到夜宿时，牧民们又会将藏袍腰带解下系住底襟，再将袍领提至头顶，这样，宽大的藏袍就变成了暖和的睡袋。

藏族男女非常喜欢这种袍式衣服。白天劳动时，他们会脱掉一袖或者双袖，左右围扎在腰间，冷了便穿上袖子取暖，更冷时还可以拽起长长的袖口捂住鼻子，将衣袖部分当作口罩使用。女式藏袍要比男式藏袍长些，男子在束腰带时，通常将袍子下摆提到膝盖处，女子束腰带时，先用头部顶住衣服领子，再穿袖束腰，而且提起袍子下摆时只需遮住脚踝。这样一来，袍子长出的那一截便会在她们胸前鼓突出来，成了个大口袋，木碗、装糌粑的食袋、酥油盒，甚至一只小羊羔、一个小婴儿都可以往里塞。

藏袍主要有农区、牧区之分，一般而言，牧区藏袍讲求实用温暖，农区藏袍讲究美观漂亮，甚至可以直接用于舞台表演。农区藏袍把藏族同胞们的爱美之心表现得淋漓尽致，尤其是这里的藏族女子，她们

藏族氆氇皮底女靴

会在节日期间，穿上珍贵的羊皮袍、水獭皮袍，再缀上用金银美玉、珊瑚玛瑙、珍珠猫眼石、玻璃赛珞璐等制成的各种精美饰物，有些爱美的姑娘甚至将塑料小玩意儿也佩在身上，这些林林总总的饰品加上藏袍，重量可达三四十斤，穿戴起来并不轻松。

别小看了虽然笨重却富丽堂皇的藏袍，那些用金银珠宝、珍珠松石等穿缀而成的袍子极其昂贵，价格高达几十万甚至上百万。很多藏家只凭一代人之力根本无法置齐一套贵重的藏袍，他们往往会累积两三代人的资财才会做成这样一件类似传家宝的衣物。在西藏东部的昌都等地，还可以看到一些康巴汉子在头部、颈部、耳朵、手部佩戴着用金银或玉石制作的首饰，腰间悬挂着藏刀、火镰、钱包、鼻烟壶等。藏北的女性还喜欢将头发梳成多股小辫，再戴上缀有绿松石、贝壳、银币的呢绒或氆氇长披。在我国其他少数民族中，很少见到如此重视衣物与装饰的，所以有人说，藏族人民是把财富穿在了身上。

卡垫

"卡垫"藏语的意思是"覆在上面的垫子"。一般藏族家庭都会在屋内沿墙两面或者三面摆上矮矮的木床，上面覆盖着约10厘米厚的毛垫或草垫，最上面再铺上卡垫。这种床，白天可以坐，相当于沙发，晚上就在上面睡觉。藏族人过林卡节或外出时，就把卡垫直接铺在地上当坐垫。一些经济条件比较好的藏族家庭，还会在卡垫上再铺上一层垫子，一方面是为了保护下面比较大、比较贵重的卡垫，另一方面是为了表示对客人的尊重。据资料记载，古代藏族上层社会聚会时，垫子的层数越多，表明此人的官职越高，身份越尊贵。

卡垫是在"汪丹仲丝"的基础上衍变发展起来的，其织造过程中的"穿杆结扣法"，在全国乃至世界地毯织造技术中都是一个独特的创举。卡垫的织法、色彩以及纹样组织，都鲜明地体现了它的民族和地方特色。

商店里出售的各种各样的卡垫

传统的卡垫织机是一种小型的木制机台，结构比较简单，由两根方木和两根圆木组成基本框架，每根方木上装有两块倾斜的木头，作为脚支撑着这个基本框架。方木上端有横梁，用来放置桄综，下面有带动桄综上下运动的脚踏板。框架前后两端的圆木是用来固定经线的经轴。

卡垫是由经线（纵向的线）和纬线（横向的线）交织而成的。经线绕在经轴上，然后从"综眼"（综是织布机上使经线上下交错的装置）里穿过；纬线绕在木梭子上。用脚踩动踏板，连在踏板上的桄综就会上下交错

日喀则一家卡垫制造厂

形成开口。穿纬线时，用一根光滑的细木棍作为辅助，将梭子上的纬线绕过一组组经线并且一圈圈缠绕在木棍上，最后抽掉木棍，纬线就形成了一个个小圆圈，再用剪刀将纬线形成的圆圈剪开，手握纬杆打紧纬线，完成纬线的一次运动。每织五六寸，还要停下来卷布并放松经线。

卡垫由深蓝、浅蓝、黄、浅黄、金黄、红、紫红、深粉红、黑、白等十几种颜色组成。过去制作染料的原材料主要来自西藏当地的野生植物、矿石、色土等，可配制成各种不同的颜色，现在一般使用化学媒介染料。卡垫的图案丰富多彩，传统图案有龙、凤、仙鹤、花木、云、海、城郭等。如今，聪慧的藏族人民又开发了许多具有时代风貌的新图案，赢得了海内外人民的喜欢。

雪域高原上的狂欢

说起藏历新年，要追溯到1027年。那时，藏族地区刚刚开始启用藏历，藏族群众便将每年的藏历正月初一定为新年

西藏村民欢度新春

2011年3月5日，藏历铁兔新年初一，在这个藏族人民共同的传统节日里，拉萨市堆龙德庆区古荣乡巴村的村民们欢聚一堂，共同欢庆一年一度的新春佳节。

第一天。新年大约持续3～5天，但从藏历十二月初，各家各户便开始准备年货。有些人家在水盆里泡上青稞种子培育青苗，有些人家用酥油和白面炸成各种形状的"卡赛"，即油馃子，如耳朵状的"古过"、长形的"那夏"、圆形的"布鲁"等。临近年关时，每家都会准备好"竹索琪玛"五谷斗，接着进行大扫除、摆新卡垫、贴年画、用干面粉在灶房里撒上"八吉祥徽"等。

到了除夕之夜，藏族人家要吃面团突巴，有些面团突巴里会特意包上一些石子、辣椒、木炭、羊毛等，石子代表心肠硬，辣椒代表嘴如刀，木炭代表心黑，羊毛代表心肠软。若有谁碰巧吃上这种面团突巴，在吐出时会引发满堂哄笑。初一这天，家庭主妇们将青苗、油馃子、羊头、五谷斗摆上供桌，天蒙蒙亮时就从河里背回"吉祥水"，而后叫醒全家人，排位坐定后，长辈端来"竹索琪玛"五谷斗，每人抓取几粒向上方抛去表示祭神，最后才抓一点送进嘴里。按照传统习俗，长辈还会依次向后辈祝福"扎西德勒"，意即吉祥如意，后辈也会回敬说"扎西德勒彭松措"，意即吉祥如意功德圆满。这套仪式进行完毕，家人们才开始随意吃喝。

余下几天是亲朋好友互相走访的日子，男女老少穿上新装开始登门拜年、赠送哈达，处处洋溢着喜庆与欢乐。在新年期间，藏族群众还会在草地上跳起锅庄舞、弦子舞，演唱藏戏等，一些角力、投掷、拔河、赛马、射箭等活动亦会相继上演。

沐浴节在藏语里叫作"嘎玛日吉"，即洗澡之意。它通常在藏历的七月六日至十二日间进行，距今已有700多年的历史。七月一向被藏族人民视作沐浴的最佳时节，沐浴节期间，不管是城市、农村还是郊区，不管是男女老幼，藏族人家几乎是全家出动，在河边溪畔搭起帐篷铺上卡垫，摆出酥油茶、青稞酒、糌粑等美食，尽情饱餐一顿后纷纷下河洗浴。老人们会在河边洗头擦身，年轻人在河里洗澡游泳，孩子们不停嬉水，女

燃灯节是为了纪念格鲁派创始人宗喀巴大师而举行的活动，于每年藏历十月二十五日举行。

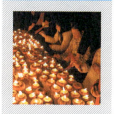

望果节上的骑马射箭活动。

晒佛仪式当天，桑烟四
起，人山人海，大佛从30
多米高的晒佛台徐徐展
开，十分壮观。

子们也会挤入河中尽情沐浴，顺便将家里的大堆衣服、被褥带来洗涮。他们希望这个吉祥的节日能为自己带来一生的好运。

望果节的历史更为悠久，距今大概有1500年的历史。在藏语里，"望"指土地，"果"指转圈，合起来即是"绕着地头转圈"。这个节日在藏地非常流行，但称呼不一，如雅鲁藏布江中游和拉萨河通称"望果节"，拉孜、定日一带通称"雅吉"，工布巴拉一带通称"帮桑"。望果节一般历时1～3天，于秋收前举行。每到此时，人们会穿上节日盛装，抬起用青稞、麦穗扎成的丰收塔，再在塔上系起哈达，敲锣打鼓地行走在田间地头与街道上，有些地方还会举办赛马、射箭与藏戏比赛。因为各地的收获季节不同，望果节的日期也略有不同，大多集中在每年八月进行，节日结束以后，勤劳的藏族人民才开始紧张而忙碌的秋收。

林卡在藏语里的意思是"园林"，许多藏族同胞把林卡节称作世界欢乐日或郊宴，简言之就是逛公园。这个节日大概于每年藏历五月一日前后举行，而且节期不定，有些地方一两天即告结束，有些地方长达十多天。在节日期间，藏族群众也是全家出去，带着美酒美食与乐器等，在草坪上、古树下搭起帐篷铺上卡垫，欢聚在一起唱歌跳舞，进行野餐与各种娱乐活动。拉萨、日喀则、昌都等地尤其流行逛林卡，藏地东部某些地方的人们甚至还会跑到原始森林里举行各种庆祝活动。

连臂踏歌舞锅庄

藏族舞蹈大致可分为民间舞蹈与宗教舞蹈两大类，民间舞蹈又可分作"谐"与"卓"两大类。"谐"中的代表性舞蹈有果谐与锅庄、堆谐等，"卓"中的代表性舞蹈有卓谐和热巴卓等。

🎭 锅庄舞

🎭 藏地歌舞

果谐由藏语音译而来，"果"意为圆圈，"谐"意为舞，合起来可以理解为围成圆圈唱歌跳舞，所以有人也称其为圆圈舞。它是流传在西藏广大农村的一种拉手成圈分班唱和、以连臂踏歌顿足为节的自娱性集体歌舞。这种古老的舞蹈从千年前诞生后一直方兴未艾，它的跳法简单易学，通常是重拍起步，三步一变、顿足为节，跳时膝盖到脚掌硬直落地，结实稳扎，节奏鲜明，以抒发集体的热烈情绪为基本特征。这种舞蹈属山南地区的最具特色，它的表现形式大体如此：场地中央摆着一缸青稞酒，男女舞者围着酒缸各站一边，手拉着手臂挽着臂，载歌载舞，顿地为节，从左到右沿着圈儿踏步走动，动作以身前摆手、转胯、蹲步和转身等为主，不时加入呼号，整体气氛活泼而热烈。有的地方也需男舞者执起铜铃，女舞者举起手鼓。当唱词告一段落，歌舞队的组织者"谐本"会带头发出"休休休休"的叫声，其他舞者随之一起拉手发出"曲曲

🦶 载歌载舞的藏族同胞

作为藏地的民间舞蹈，不仅仅出现在传统节日之中，更出现在一些重大活动中，大规模的舞蹈表演已经成了一道绚烂的民族风景。

曲"的应和声，或者一起叫道："阿甲嘿！当下次仁！宋甲月拉！"此句相当于汉语里的："一、二、三、四，一起跳！"

锅庄，顾名思义，就是"灶台"的意思。而锅庄舞，最初大概也就是围绕着灶台跳的一种舞蹈。舞蹈开始之前，所有参加的人都手拉手围绕场地或者火堆站成一圈唱歌。由一人领歌，随后大家分班合唱。随后，众人一边唱，一边逐步增加甩手、踏步的动作。等到一曲唱罢，只听得众人齐刷刷一声呼啸，然后就开始散开双手跳起正式的舞蹈。男性的舞蹈幅度稍大，宛若雄鹰展翅。女子的步幅则相对较小，加上漂亮的袖子在身后翻飞，如同孔雀一般亮丽柔婉。

作为藏区的一项民间舞蹈，果谐与锅庄并没有时间限制，舞者可以跳十几分钟，也可以跳几十分钟、几小时，甚至从日落跳到夜晚，再从午夜跳到天明都无人管束。可爱的藏族朋友们已经习惯用这种独特的舞蹈来消除劳动的疲累，抒发对家乡的热爱，或是倾吐心中的爱恋。

堆谐是西藏西部地区的一种民间圈舞。"堆"在藏语里

有"上"或"高地"之意，藏族人民把雅鲁藏布江上游的昂仁、定日、拉孜、萨迦及阿里一带叫作堆，当地农村的歌舞也就叫"堆谐"。17世纪中期，五世达赖喇嘛规定在每年雪顿节时让各地藏戏团云集拉萨献演，这种舞蹈由此传入拉萨并经过了多次加工，逐渐开始盛行起来。因为堆谐舞蹈中的典型动作类似于现在的踢踏舞步，人们遂称它为"踢踏舞"或"拉萨踢踏舞"。

传统的堆谐在舞蹈时，男女舞者会在体前或体后交叉拉手，以区别其他圆圈舞，现在的堆谐不仅保留了这一特色动作，还引入一些固定元素，比如伴奏音乐需有引子、歌曲与尾声，舞蹈讲求气氛热烈、动作灵活，既不拖也不赶，必须踏点准确，保持集体舞蹈的整齐与统一。堆谐的伴奏乐器比较多样，常见的有竖笛、胡琴和被称作六弦琴的札木聂，其他的还有扬琴、根卡、横笛、串铃等。

卓谐起源于古代祭祀，现在舞蹈中的祭祀成分已逐渐减弱，多以祝福安康、五谷丰登、生活幸福为主。这种舞蹈一般分为三段，表演中会由舞者演唱歌曲，具有歌时不舞、舞时不歌的特点，另外，还会出现大段技巧与队形变化的鼓舞表演，典型作品有《大鼓舞》等。

热巴卓是一种由男女艺人共同表演的双人"铃鼓舞"，它是"卓"中极具特色的一种鼓舞。表演热巴卓时，男女艺人会在开头说些称颂吉祥炫耀技艺的话，而后，男执铜铃女执手鼓，绕圈走动翩然起舞。当舞至高潮时，鼓点激昂铜铃声声，女舞者会表演"顶鼓旋转""缠头击鼓""扭腰打点"等技巧动作，男舞者再表演"单腿跨转""躺身平转""躺身蹦子""踢腿跨脖""兔子跳"等。这种鼓舞粗犷奔放，非常讲究技巧动作，在藏区素来享有"金铃银鼓舞热巴"之说。

🚩 迎新年"跳神"大会

演员们色彩繁复的服装和夸张无比的面具，分别代表各种护法。

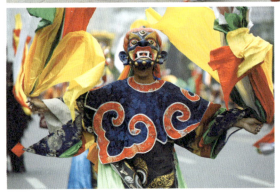

🎵 **开场表演**

演员们所戴的面具为"温巴面具"。温巴面具是渔夫或猎人所戴的面具，属平面性面具，有多种颜色。蓝色表示正义、勇敢，为勇士相。

🎵 **宗教跳神面具**

宗教跳神面具常采用较大的泥塑布制彩绘面具，绘塑得既具体实在，又形象夸张。

藏戏

藏地风情

根据《西藏王统计》记载，早在7世纪，松赞干布在庆祝颁发《十善法典》的宴会上，"令戴面具，歌舞跳跃，或饰牦牛，或狮或虎，鼓舞曼舞，依次献技"，其歌舞就带有了戏剧的形式，可谓藏戏的雏形。

公认的藏戏祖师则是14世纪时的高僧汤东杰布。相传当时云游四方行善修行的汤东杰布立志在雪域各处江河上搭建桥梁，但是因为筹集不到足够的款项而难以实现。焦急的汤东杰布在江边徘徊，突然看见不远处女孩们的歌舞，于是心生一计，选了7个能歌善舞的女孩，将佛经上的故事设计成了简单的唱腔和动作，自编自导成歌舞剧，借此宣传宗教教化人民，希望筹得更多的善款。

果然，这种戏剧大受藏民欢迎，经费问题迎刃而解。由于这七姐妹天生丽质、歌舞迷人，仿佛是天仙下凡，所以大家就将这种戏剧形式称为"拉姆"，意思为"仙女"。之后藏戏不断吸收杂技、瑜伽、跳神中的元素，并且在17世纪时从宗教仪式中分离出去，有了自己的脚本和专业剧团，成为一种独立的艺术形式，逐渐流传开去，越来越多的人参与到藏戏的创作与表演中。

经过几百年的锤炼，藏戏保留下的十三部剧目可谓经典，俗称"十三大本"，即取材于宗教和历史故事的《文成公主》《诺桑法王》《朗萨雯蚌》《卓娃桑姆》《苏吉尼玛》《白玛文巴》《顿月顿珠》和《智美更登》8大藏戏以及《日琼娃》《云乘王子》《敬巴钦保》《德巴登巴》和《绥白旺曲》5部藏戏。

尽管剧本变化不大，但藏戏依然深受藏族人民的欢迎。比起其他剧种中多变的故事情节，他们更习惯于欣赏藏戏中唱腔和技艺的细微之处，一个动作、一个音调，往往就是一流剧团高出其他的理由，一场出色的藏戏经常能吸引藏族人民策马百里而来。

由于游牧民族的特点，藏戏很少有室内和舞台表演，一般只在广场平地上种下一棵树，以示这就是舞台的中心。剧团的人员会给这棵树包扎上彩纸，挂起达赖喇嘛像，放置好各种道具。比如用柳枝插成圆圈表示水井，绿绸铺地表示河流等，然后以此为中心立起几顶帐篷。云集而来的藏族人民则围在旁边，等待好戏登场。

藏戏演出分为3个部分，第一个是"顿"，即开场。盛装的猎人们（藏语称"温巴"）会手持彩箭歌舞净场，太子装束的演员紧随其后，象征着对舞台进行佛法加持，祝福观众。最后女演员们翩翩起舞，代表着大家将与临凡仙女共享人间欢乐。

戴温巴面具的演员

温巴面具是藏戏中最重要的面具，蓝色温巴面具多由纸板或多层纱布黏合，上面裱糊蓝缎制成，造型夸张，绘制精巧，装饰美观。

戴着面具的演员

红色面具象征权力、正义，表示足智多谋、智勇双全。凡扮演国王、大臣者均戴红色面具。

进行祭神歌舞，向神明祈祷和祝福观众后，剧团会向大家介绍剧情。尽管几本藏戏名篇故事都为大家所熟知，但是不同的剧团有着不同的介绍风格，除了常见的在歌舞中缓缓道来，有的剧团别出心裁地将之编成唱词，或者让小丑、国王等特别角色上台宣布演出内容，所以观众们期盼、好奇的心情并不亚于观看一出新戏。

开场完毕后则是"雄"，也就是藏戏表演的主要部分——正戏传奇。所有的演员依次出场站好，排列成半圆，随着剧情介绍者的说明，轮到谁表演就出列，结束后回到原位为别人伴唱。演员们并不化妆，演出中途也不会更换戏服，只是将软面具挂在脸上，硬面具戴在头上来表示不同的身份和心情。

面具是藏戏中非常重要的一环，藏戏各个流派的区别也源于此，通常分为旧派的白面具和新派的蓝面具。除了这两种颜色，还有父亲的红面具、母亲的绿面具、隐士的黄面具等专用彩色面具，孩子们戴上纸做的面具则表示羊群。

戴着不同面具的演员们轮番出场，歌声在简单的乐器伴奏下高亢入云，具有高原歌曲洪亮粗犷的特色。他们的舞蹈动作

戴着动物面具的演员

藏戏中的神、佛、人类乃至动物生灵等各种角色都需要演员来表演。

则具有一定的程式性，无论是爬山还是骑马、乘船还是飞天，都有规定的动作，尤其是宗教故事中最吸引人的擒魔斗妖，演员更是需要以一连串高难度动作来表示。中间过程有时还夹杂着杂技与滑稽表演，舞台上彩衣纷飞，身影翩翩，气氛十分活跃。

藏戏可长可短，一个剧本慢慢演来可以演上几天，每一个情节都表演到位。不过有时为了节约时间，则会用后台的道白将不重要的剧情一带而过，只演出最精彩的片段。

精彩纷呈的正戏结束后的部分被称为"扎西"，意思是祝福迎祥。所有的演员载歌载舞祝福观众，同时按照数百年来的惯例接受观众们的馈赠，最后推倒舞台中间的那棵树，念经谢幕。

一场藏戏完毕，观众们往往都会陷入剧情和精彩表演中难以自拔，尤其是一流剧团的演出会成为附近很长一段时间的主要话题，藏戏在藏族人民心中的地位可见一斑。

不同颜色的面具

半白半黑面具表示嘴甜心毒、两面三刀、专门挑拨离间者。

唐卡《格萨尔王》

格萨尔王传

藏地风情

国际上一些知名的长篇史诗，如《罗马史诗》、印度史诗《罗摩衍那》等，在经过最初的口头传播之后，都被人记录下来，变成了文本形式。逐渐地，它们的传唱方式被遗忘，人们只能通过书面阅读的方式来了解它们，而不知道它们是以什么形式、什么曲调传唱的。而《格萨尔王传》从始创到现在，有1000多年的历史了，却仍以活形态的方式在民间流传，这在世界上是非常罕见的。藏族的民间艺人们将《格萨尔王传》这部史诗深深地记在脑子里，然后代代相传。所以，它的传唱方式才能流传至今。

　　早在7世纪之前，格萨尔王的故事就开始流传，约在9世纪时，故事内容趋于完整。从目前搜集整理的情况看，《格萨尔王传》共有120多部，100多万诗行，2000多万字。故事的内容梗概是：很久很久之前，藏区妖魔鬼怪横行，天灾人祸不断，黎民百姓遭受荼毒。为了拯救苍生，大慈大悲的观世音菩萨向阿弥陀佛请求派天神白梵王之子下凡降魔，这就是格萨尔王。格萨尔王从诞生之日起，就开始为民除害，造福百姓。5岁时，格萨尔王同母亲移居黄河之畔。8岁时，带领部落迁移至此。12岁时，格萨尔在部落的赛马大会上取得胜利，并获得王位，娶森姜珠牡为妃。从此之后，格萨尔开始率领国人降妖驱怪，南征北战，东讨西伐，先后降服了几十个部落，维护了本民族利益。在降伏了人间妖魔之后，格萨尔功德圆满，与母亲和王妃一起返回天界。为了让格萨尔王能够完成降妖伏魔、造福百姓的神圣使命，史诗的创作者们赋予了他特殊的品格和非凡的才能，把他塑造成神、龙、念（藏族原始宗教里的一种历神）三者合一的半人半神的英雄。整个故事主要分成三个部分：第一部分为降生，即格萨尔王降生的过程；第二部分为征战，即格萨尔王降妖伏魔的过程；第三部分为结束，即格萨尔王返回天界的过程。三个部分，以第二部分"征

著名曲艺表演艺术家土登在说唱《格萨尔王传》

《格萨尔王传》表演

战"的内容最为丰富，篇幅也最多。除了著名的四大降魔史——《北方降魔》《霍岭大战》《保卫盐海》《门岭大战》外，还有18大宗（一个宗就是一个城堡，降服一个城堡，夺回财物）、18中宗和18小宗，每个故事和每场战争都构成一部相对独立的史诗。

　　千百年来，人们不断地以这种吟唱

的方式，表达着对格萨尔王的崇敬和赞美之情。它所流传的范
围，已经超出了藏族地区，蒙古族地区以及云南纳西族、白
族、土族等地区都有《格萨尔王传》的流行。这部具有很高学
术价值、美学价值和欣赏价值的史诗，是研究古代藏族社会的
一部百科全书，被誉为"东方的荷马史诗"。

藏民在打酥油茶

舌尖上的西藏

藏地最常见的特色食品要数酥油茶、奶茶、青稞
酒、糌粑与风干肉。

任何人到藏族同胞家中做客，主人都会敬上醇香的酥油
茶。许多外地人喝不惯这种藏地饮料，但不得不说，它确实是
一种补充体力的好东西。酥油的提炼方法比较特别，人们先将
牛奶或羊奶加热后倒入当地一种称作"雪董"的大木桶里，上
上下下来回抽打几百次，让奶汁油水分离，这样水面上就会浮
起一层淡黄色的脂肪，脂肪冷却后便是酥油。这套程序结束
后，人们通常会将酥油储存起来，食用前先将砖茶用热水熬成浓

风干肉

在藏族人家做客喝茶时，最礼貌的做法是先用右手无名指在茶碗中蘸取少许茶，而后手指举起，向空中弹洒三次，表示奉献给神、龙与地祇。饮茶时不能太快，要轻轻吹开茶面浮油，轻啜慢饮不宜出声，否则会被戏称为"毛驴饮水"。喝茶时切忌一碗饮尽便走，一般以三碗最吉利，当地居民中还流传着"一碗成仇人"的谚语。

奶茶

汁，而后倒入木桶，加入酥油使其交融，最后再倒进锅里加热，便制成可口的酥油茶。在藏族同胞家里喝酥油茶千万要注意别一口喝完，那样的话，主人会不停添加。不想喝了就满斟着不要动，待到告别时再一饮而尽，这才合乎当地的礼节。

比起酥油茶来，奶茶更容易受到外地人的喜爱。藏地奶茶主要有两种，一种叫甜茶，一种叫卧甲。甜茶用红茶熬汁，再加入牛奶、白糖等，香甜可口，营养丰富，拉萨市内随处可见，尤以八廓街的最为出名。卧甲是将茶水烧开后，直接加入牛奶与盐即可，这种饮品在安多一带比较常见。

青稞酒是在藏族同胞几乎每户人家都可见到的一种自制白酒，它由青稞制成，大概只有15～20度，外国游客通常称它为"西藏啤酒"。青稞酒的做法也很简单，先将青稞洗净煮熟，待稍稍降温后，便可加进酒曲，装进木桶或者陶罐里密封。经过两三天的发酵，需要添入适量清水，而后再过一两天即成青稞酒。当地主人在招待登门拜访的客人时，一般都会请客人喝满杯青稞酒。按照习俗，客人会先喝一口，待主人斟酒后再喝，连喝三个满杯后，才可以随意聊天。

糌粑是藏族人民一日三餐的主食，实际上就是青稞炒面。这种食物的做法非常简单，先把酥油溶化在热奶茶里，加上适量的青稞粉与白糖，在碗里搅拌成团，用手捏成形后直接抓起送入嘴里。糌粑的携带也很方便，很多藏族牧民在出远门时腰里都挂着个叫作"唐吉"的皮口袋，那里面装的便是糌粑。饿了从怀里掏出碗来装上糌粑，再倒点酥油茶、加上盐，一手抓紧袋口，一手隔着皮口袋抓捏几下，很快便能进食了。有些藏族人家还在里面加入肉、菜做成"土巴"，佐以酥油

青稞酒

虫草炖雪鸡

茶和辣椒一块食用。

　　藏地的糌粑按原料的不同大多分为四种：第一种是由青稞制成的青稞糌粑，叫作"乃糌"；第二种是用豌豆制成的豌豆糌粑，叫作"散玛"；第三种是由去皮豌豆炒熟磨成的糌粑，叫作"散细"；第四种是用青稞和豌豆混合磨成的糌粑，叫作"白散"。在藏历新年时，四种糌粑就成了藏族家庭里不可缺少的吉祥之物。到那时，藏族人家每户都会摆上一个叫"竹索琪玛"的吉祥木斗，木斗里装着酥油拌成的糌粑、炒麦粒、人参果等，木斗表面还有用青稞穗、鸡冠花和酥油做的彩色纹饰，寓有喜庆丰收、人畜兴旺的含义。当有人来拜年时，主人便会端过"竹索琪玛"，客人抓起一点糌粑，向空中连撒三次，再放进嘴里少吃点，而后对主人说上新年里的祝福之语"扎西德勒"。

　　风干肉，顾名思义，就是风干的牛羊肉，藏地常讲的风干肉是指生肉干，而非熟肉干，这和当地的气候环境有关。因为藏地一带气候干燥，温度较低，生牛肉、生羊肉的风干速度非常快，不会出现肉韧而费嚼的现象，所以风干的生肉干要比风干的熟肉干好嚼得多，而且味道更为纯正。

　　每年冬天，有些地方的藏族人民将牛或羊宰杀后清理干净，整个保存起来，他们管这种方法叫"歇考"，意即整肉腔。更多的藏族人民会把生牛肉、生羊肉割成小块串起来，用竹笼挂在帐房、屋檐下阴凉处冰冻风干，自然脱去水分。待到第二年三月后取出来即可直接食用或烤后食用。藏地最出名的风干肉产于羊卓雍湖边，这种风干肉被切成1寸宽、1尺长左右的肉条，挂在风雪里吹干，待到吃时蘸上辣椒盐粉，顿觉美味无穷，齿颊留香，当地人将这种美食称作"羊卓干素"。

🐾 藏医

藏医

　　藏医的萌芽，至少有2000年的历史，早在公元前3世纪，古代西藏人就有了"有毒必有药"的医理。7世纪，松赞干布统一青藏高原，建立强盛的吐蕃王朝。文成公主入藏，不仅标志着两大强势政权之间从对立走向和平，也是一次包括医学在内的中原地区对西藏地区的输血。松赞干布的雄才大略，一方面体现在文治武功上，另一方面则体现在对社会的发展上。他在烽火渐熄之时，邀请印度、尼泊尔医生入藏，会同本地医生与中原赴藏医生一道，编辑整理了大量医学经典著

🌿 雪莲花

作，其中最负盛名的是宇妥·元丹贡布的《四部医典》。这部医典的问世，标志着藏医体系的完成。

藏医认为，宇宙是由小五行（金、木、水、火、土）和大五行（气、火、土、水、空间）组成，小五行在人体是指心、肝、脾、肺、肾；大五行则包括整个宇宙，整个宇宙都依赖大五行的运行。藏医学以其独特的"三因学说""人体七大物质"和"三种排泄物"为基础理论，在多个学科领域都有自己独特的建树。由于佛教思想已渗透到了社会的各个方面，成为占支配地位的强大精神力量，因此藏医学自奠基时期便具有浓厚的藏传佛教色彩。

藏医理论认为，人体内存在三大因素，"龙""赤巴""培根"；七大物质基础，即饮食精微、血、肉、脂肪、骨、骨髓、精；三种排泄物，即小便、大便、汗。三大因素支配着七大物质及三种排泄物的运动变化。在正常生理条件下，上述三者互相依存、互相制约，保持着相互协调和平衡，当三者中的任何一个因素或几个因素由于某种原因出现过于兴盛或衰微的情况时，则会出现龙病、赤巴病和培根病，治疗上就需要对三者进行调整，使其恢复到协调状态。

与早期的中医相比，藏医对于人体解剖及生理有更为深入的了解。对于人体内的器官，藏医认为人有五脏六腑。五脏是指心脏、肝脏、脾脏、肺脏和肾脏，六腑指大肠、小肠、胃、膀胱、胆和三姆休。古代藏医用形象的比喻来说明各脏器的功能：心脏——国王，端坐在宝座上，居人体胸腔的正中；肺脏——犹如大臣和太子，围绕着君王；肝脏和脾脏——似君王的大、小后妃，处在君王下端，但关系又很密切；肾脏——像一座房屋的脊梁，没有它，身体就不能成为一栋大厦。

藏医学产生于青藏高原，具有十分明显的民族、社会和自然环境的特点。青藏高原为高寒地区，与外界交通极不方便，因而藏医学长期保持着它固有的特点。

灵芝

三七

哈达

　　自古以来，藏族人民就非常崇尚白色。在西藏，只要稍微留意，随处可见白色崇拜的印记。而白色的哈达则象征着纯洁、美好、忠诚、吉祥、正义、善良，不但在藏传佛教寺院大门的铜饰门环上系着一条条的哈达，连春天播种的农具都要系上哈达，以祈愿当年五谷丰登。

　　据一些学者分析，哈达起源于八思巴第一次返藏时。八思巴是历史上联系中原与西藏关系的著名人物。1244年，他跟随叔父前往凉州（今甘肃武威）会见元太宗的次子阔端，并在宫内生活数载。元世祖即位后，八思巴被尊为国师、帝师，统领全国佛教。1265年，八思巴第一次返藏，带回中原的锦帛，向菩萨、佛像和僧俗官员敬献、赐奉，就是现在的哈达。传说当八思巴向拉萨大昭寺的菩萨像敬献哈达时，旁边壁画中有一尊度母伸出手向他讨要哈达，被称为"卓玛塔尔联玛"，即"要哈达的度母"，民间还尊称哈达为"仙女的飘带"。

　　不过，也有人认为哈达应该是藏传佛教进入蒙古的时候，为了表示对蒙古统治者的敬意，僧人们便制作了洁白的丝绸带，赠予当时的蒙古贵族。在那之后，哈达就在西藏广泛流传，成为藏族人民礼节中的重要物品。

　　哈达按照颜色可分为白色哈达和五彩哈达两种。五彩哈达是最珍贵的礼物，颜色为蓝、白、黄、绿、红，每种颜色各有寓意：蓝色象征蓝天、白色象征白云、绿色象征河水、红色象征空行护法、黄色则象征大地。佛教教义解释

五彩哈达是菩萨的服装，所以只在特定的情况下使用，如献给活佛或近亲做阿西（彩箭）。

哈达按照质地可分为四等：特等内库哈达约3米长，质地优良，边沿织有长城图案，面上织纹为八吉祥徽或吉祥文字，用于赠送政治、宗教界的高级人物；头等阿喜哈达比内库哈达略短，长2米多；二等索喜哈达和三等索达哈达多用棉麻为原料，长约1米，四种哈达的两端均有拔丝。

敬献哈达表示对对方的尊敬、赞美与祝福。不过，献哈达也有一定的规矩和形式：首先将哈达顺长对叠成四幅双楞，把双楞一边整齐地对着对方。敬献给有名望的活佛、高僧时要躬身俯首至90度，双手捧哈达过头顶，献于案上，或通过代理人

🔊 **藏族人民为客人献哈达**

➕ 小贴士

·朝佛日·

藏历新年初三是朝佛日，这一天，西藏的城市居民们会在早餐后穿上盛装，佩戴饰品，成群结队涌向街头，踏上朝佛之路。牧区居民们会到神山祭山神，在玛尼石堆上竖起五颜六色的经幡，向天空抛撒五谷和风马旗，默诵玛尼经，祈祷山神的庇护。到了下午，人们又会自发聚集在大街小巷或草原上，一边喝着青稞酒，一边跳起锅庄舞，庆祝新年的来临。

🐾 迎风飘扬的风马旗

🐾 **经幡塔**

从经幡塔内部望去，一层层排列有序、色彩丰富的风马旗令人叹为观止。

员转献，对方会将哈达回挂在敬献者颈项上；敬献给长辈或一般活佛时，要弯腰、低头双手捧哈达过头顶；敬献给平辈时略微躬身，将哈达送到对方手中或手腕即可，受者也应躬身双手承接，以表示恭敬和谢意；对晚辈或下属要将哈达披挂于对方颈项，也可用来表达对客人的欢迎和尊敬。一般情况下，接受哈达的人要将接到的哈达调转折叠口还给主人。

洁白神圣的哈达象征一切纯洁美好的事物，已成为西藏特有的礼仪往来必备之物。纯朴的西藏人民就这样世代相传，将至高无上的祝福与祈愿赠予对方手中。

🔴 风马旗

藏地风情

风马旗在藏语中称为"隆达"，也称为"祭马""禄马""风马经幡"或"祈愿幡"，藏语"隆"是风的意思，"达"则是马的意思，所以内地人们更习惯称它为"风马旗"。

最初的"风马"是一种原始的祭祀文化，源于对动物灵魂的崇拜，祭祀者直接将羊毛系挂于树枝或草丛，向神灵祈求庇佑，后来渐渐发展成为绘有魂马图像的送魄幡旗。9世纪前后，随着阴阳五行观念和内地的木板纸传入西藏，风马旗演变为绘有五种动物的幡旗。藏族认为，"风马"在深层意义上是指人的气数和运道，或者特指人的五行。

关于风马旗的来源，有很多美丽的传说，流传最广的有两种。一种说法是当年佛祖正静坐在菩提树下，手持经卷闭目沉思，忽然，一阵大风呼呼刮起，竟然吹走佛祖手中的经卷。经卷在风力的作用下，转眼间碎成成千上万片，被大风吹送到世界各地，带到

山口的风马旗

藏族人民将风马旗悬挂在山口，祈望舟车平安。

那些生活在水深火热中的劳苦大众的手中。这些饱受沧桑的人们得到佛祖经卷的碎片，命运突然发生改变，都收获了属于自己的幸福。

另一种说法是有一位藏族僧人到印度求佛，取得真经归来时路过一条大河。僧人背着经书过河，经书不小心被河水打湿了。僧人担心经书受毁，情急之下将经书一一摊在河边晾晒，自己坐在大树下打坐入定，等待阳光晒干经书。突然，阵阵法锣在天地间响起，锣声中传来美妙的梵音，如春风拂面般沁入僧人心智，盘旋不已。僧人听闻后顿觉开悟，并且浑身通泰，睁眼一看，原来是风把经书刮起来，放眼望去满天满河面都是，所以才出现令人开悟的梵音。后来，人们为了纪念这个高僧和颂扬佛经，就把经书印在布上，挂于天地之间飘扬，久而久之，便形成了如今祈愿所用的风马旗。

因为藏族人民尊山神为地方保护神，认为其时时刻刻关注着众生的安危，并骑马巡视辖区，保护众生平安、抵御魔怪邪恶的入侵，于是便在灵气聚集之处，如神山圣湖等地，挂置祈愿的风马旗，上面印着一匹驮着圆锥形火焰图案（象征着福、

经幡塔

经幡塔整体呈现出宽大的金字塔造型，蔚为壮观。

禄、寿、财及兴旺发达的"诺布末巴")行走的马，或一些经文、祈愿文或咒语，让风将自己的心愿传达给上苍神灵。

玛尼石

玛尼是藏密经咒六字真言"唵嘛呢叭咪吽"的简称，类似于汉传佛教里的"南无阿弥陀佛"。这六个字是一切善法功德的本源，涅槃解脱的大道，能证悟清净菩提心，除却一切烦恼，断除一切垢染，加具一切功德。传说某位菩萨在一念之中感叹轮回众生所受的颇多苦难，阿弥陀佛告其曰：要想彻底解决众生之苦，必须弘扬六字真言。因此，六字真言成为藏传佛教中最受尊崇的一句咒语，佛教徒们认为凡是看到、听到、触及、意念六字真言的人，都可以得到庇佑，种下成为佛或菩萨的因。

在古代，石头不仅能打制各种工具攻击野兽、抵御敌人，还能造屋建城，有些地方还用石头镇宅，成为生活中不可或缺的物品。根据记载，西藏古代存在一种大石崇拜文化，藏族人民形容牢固不变之心为"如同石上刻的图纹"，认为在石头上留下的痕迹能够久远保存，于是人们拜祭石头时，自然而然选择把无所不能的六字真言刻在上面。久而久之，一块块刻上经文或各种佛像、吉祥图案，并饰以色彩的普通石头就变成了玛尼石。虔诚的藏族人民相信这些石头有一种超自然的灵性，能够消除苦难和罪孽，带来吉祥如意。

六字真言"唵嘛呢叭咪吽"

玛尼石大的有几米长，小的只有十几厘米，刻图纹除了"六字真言"和藏经文及"卍"符号以外，还雕刻有各种佛像（护法、金刚等）以及龙、蛙、鱼、鸟、狮、象、佛塔、花草等图纹，刻有经文和佛像的一面在摆放时总朝着人们可以看到的方向。有的人甚至将整套的经书完整地刻在很多块石头上，连封底、封面都刻了出来。

藏族人民一般遇到家中有人生病、亡故，或诸事不吉利

色彩斑斓的玛尼石

➕ 小贴士

·桑炉·

在藏族地区，许多人家都在院子里或屋顶依山处备有桑炉。逢年过节拜祭天地诸神时，他们会在桑炉里燃起松柏树枝，再加入糌粑、青稞酒等，依次跪拜叩首。当家里生育婴儿，远方亲友前来贺喜时，家人也会点燃松柏树枝，待来客从火上跨过，据说这样便可使婴儿免受邪气侵害，一生健康平安。

时，都会先到寺庙找喇嘛卜算，然后选定要刻的咒文、经书或佛像种类，再备好石料请制作玛尼石的石刻艺人进行加工。除此之外，还有用来忏悔或发愿的玛尼石。忏悔类的玛尼石往往是人们在不经意中伤害了昆虫、青蛙等小生物以后，在某个良辰吉日虔诚祷告后，刻一块带有小生物形象和一句或连续不断的六字真言的玛尼石，石头背面还刻上一行赎罪的落款。发愿类的玛尼石通常是某个属相的人犯了错，旁人虽然不知道，但自己寝食难安，所以到较远的地方，请朵多刻制一块或几块带有个人标志（大多数用属相）的玛尼石去供奉，表示自己的决心，发愿痛改前非。

↪ 玛尼堆　　↪ 佛塔下的玛尼石

擦擦

"擦擦"一词最初仅用于表示佛塔，后来才衍生出佛像，大的约有30厘米高，小的仅几厘米。《元史·释老志》中曾记载：又有作"擦擦"者，以泥作小浮屠也。制作擦擦的原料主要以泥土为主，一般使用凹形模具，题材多为佛、菩萨、金刚护法、高僧像、佛塔等。绝大多数擦擦是由一两件模具压制成型、脱范而出，也有由几件模具在同一块泥上、经多次压制成型的特大型擦擦，因尺寸较大，存世极少。

擦擦的制作原料虽然基本相同，但也能分出很多不同：仅用泥巴所制的擦擦在民间比较常见，有的压膜时在泥像背面黏入青稞或其他圣物，以示祈祷；过去的上层人士或贵族还会在泥巴中掺入金、银、宝石粉、珊瑚、松石等物，做成较贵重的擦擦；有一些病人为了祈求自己早日痊愈，便把所服药物和泥后烧制成药擦，戴在身上祛邪；那些由达赖、班禅等大活佛或知名人士亲手制作的擦擦，被称为"名擦"，名擦的背面一般都有本人的印鉴、标记或指纹。

明代金刚手铜擦模

还有一些是善信为了报答自己的上师、父母或亲友的恩德，在他们离世火化后，将骨灰和泥制作擦擦，期待能够消除罪业，祈求"善业"，攘除"恶业"，或表示将身体供奉于佛，这就是"善业泥"。"善业泥"一般多认为是唐代制品，因为流传下来的擦擦像背有"大唐善业泥，压得真如妙色身"的标识，至今西藏仍用这句话来赞誉擦擦。

除此之外，还有一种非常神圣的"布擦"，是在达赖、班禅等大活佛圆寂以后、葬入佛塔之前处理法体时，将融合着活佛血水的药物和盐等物品融入泥中，再用这种泥来制作擦擦。藏语中法体的意思是"布"，所以称为"布擦"。传说这样的布擦有治疗百病的作用，被信徒们奉为至高无上的法物。

擦擦是藏族的宗教艺术品，是藏传佛教的宝贵遗产。

擦擦已经传承千余年，与其他宗教的艺术品一样，谨遵佛像不同于凡人形象的根本，恪守制作佛像要具备"三十二相"和"八十种好"的特征，即所谓的"相好庄严"。"相""好"是完美塑造佛像必须遵循的原则，如果不依此制作，便会造成不像佛的"佛像"，导致善男信女膜拜的时候总有些说不出的别扭，却又不知道问题出在哪里。

例如"三十二相"中的第三十一条"眉间白毫相"，指佛两眉之间所生右曲白毛、大放光明的法相，有些擦擦便用半球形的小珠塑造出白毫，再加以装饰佛光来体现。再比如第十五条"常光一丈相"，指佛自身经常放射出一丈高的佛光，擦擦在体现形式上充分发挥了人们的智慧，出现了圆形光、放射光、舟形光、轮形光、随形光、云形光、宝珠光、火焰光等多种多样的体现形式，这些构思巧妙、精心制作的擦擦，总是令人爱不释手。

除了"相好庄严"的要求以外，还要遵循制作佛、菩萨、明王等擦擦的八种成套造像尺度，藏语中称作"提康"，意为"线房"，分别对"垂直端坐的神、佛""护法神""善恶像兼备的神灵""多首多手的本尊神""半人半兽的怪神""声闻弟子和独觉佛以及普通凡人"等造像时应该使用的姿势、相应的比例和尺寸、象征装饰、辅助图案的纹饰进行非常具体而严格的规定，尤其对于释迦牟尼像，绝不允许有丝毫的自作主张。

虽然有关限定如此烦琐，但多才多艺的信徒制造者们依然在能够允许的范围内展示自己的聪明才智和艺术天分，使擦擦成品趋于完美，成为别具特色、各有千秋的艺术品。例如将不动如来七十种不同模式的古代擦擦相互对照，就会发现细节处无一雷同，令人着实惊叹。

唐卡

藏地风情

有关唐卡的起源主要有两种说法：一种源于印度人在说书讲故事时，要悬挂有关图像进行指点讲说。这个习俗传到西藏后，喇嘛们也学会了这个办法，将其作为传经讲佛时的示意图绘制在布帛上，便于悬挂和携带，随时可以向藏族人民展示。从那以后，这种挂图的制作工艺越来越精美，逐渐形成唐卡艺术。另一种起源与松赞干布有关。传说有一次他得到神示，顿感佛法无边，遂用自己的鼻血绘制成白拉姆的愤怒

↳ 唐卡文殊菩萨

代表聪明智慧的文殊菩萨一直是唐卡的主要内容。

大型唐卡"国固"

像，以示自己对佛法的虔诚之心，这就是最初的唐卡，而后便成为一种传统艺术流传至今。

唐卡主要分为两大类：一类称作"国唐"，用丝绢绸缎等材料以手工绣制，拼接后使用缝合、编织等方式制成。高级的有珍珠唐卡、彩绘、刺绣、织锦、缂丝、提花、贴花和宝石缀制等十余种。寺院一般用于"晒佛"的大型国唐又叫"国固"，最著名的是布达拉宫的无量寿佛"国固"，长约55.6米，宽46.8米，由五世达赖喇嘛阿旺罗桑嘉措圆寂后第司桑结嘉措主持制作。另一类称作"止唐"，是用颜料绘制在布面上的作品，颜料以金粉、银粉、朱砂、雄黄等矿物颜料为主，也用植物颜料相配，依据绘画底色分为金唐、赤唐、黑唐、彩唐，画幅表面通常还罩有一层锦缎面盖。

唐卡的制作程序分绘画、裱制、装饰三道工序，上下均有卷轴，可以悬挂起来欣赏。由于唐卡艺术的形成与宗教息息相关，使它的绘制内容非常集中，大都是藏传佛经中的人物及其相关的故事片段，再辅以高原上美丽的景色和传统的风俗人情：大到由上万人物组成的恢宏场景，小到一草一木、衣物装饰，无一不符合当地人们的真实生活，所以它既是宗教画卷，又是历史及民俗画卷。人物造像唐卡中最著名的作品是关于大昭寺举行传昭大法会盛况的手卷，这幅唐卡长27米，宽只有13厘米，上面绘制了1300多个人物形象，再现了当时一年一度的传昭仪式的繁荣盛况。

绘制唐卡非常讲究用色。红、黄、蓝、绿、白为主色，紫黑、淡胭脂、橘红、土黄、翠绿、骨白等颜色为中副色，每个颜色又有很多不同的分色，绘制时再运用不同的配色方法，便形成琳琅满目的多样色彩，而且使用的天然矿物颜料可令唐卡色泽千百年不褪。六世班禅所绘的《仁登尼安》，虽然距今已有200多年的历史，但色彩却依然如新，是一件极为珍贵的精品之作。

画师在绘制唐卡

对于画师来说，绘制唐卡是一件十分庄严的事情。用心绘画唐卡，既是对佛的敬意，也是对普通藏族人民的尊重。

藏刀

一些藏刀的刀身上也刻有具有民族特色的花纹。

藏刀

藏地风情

在世界屋脊生活的人们不仅要同严酷的环境作斗争，也要同高原生存的猛兽进行搏斗，于是佩戴藏刀成为藏族人千年不变的传统。

最初的藏刀实用性第一，锋利、耐用是最基本的标准，美丽的装饰只是锦上添花，于是渐渐形成四大板块和风格：拉孜和南木林都地处西藏日喀则境内的西南部、雅鲁藏布江上游，高海拔、多矿藏，这里的匠人打制的藏刀注重刀刃的钢火，讲究刀的实用性，从鞘到柄几乎全部使用金属，以银和铁居多。因而，西藏拉孜和南木林藏刀在全藏有"锋利"的美名。刀鞘和刀把一般不镶珠宝，有的也会在上面镂刻一些吉祥图案。

藏东的林芝市一带，山高林密，野兽出没其间，伐薪狩猎是家常便饭。所以人们使用的刀具以宽、长为多。刀鞘多为木质，外面用兽皮包裹，一般是用野兽腿骨上的皮，有些还带有爪子。易贡藏刀属于顶级藏刀系列，古代属于贵族和上层官阶佩戴的专用武器。

安多地区主要以放牧为主，牧民的刀主要用于宰杀和吃肉，有严格的男用女用之分。安多人喜欢珠宝，头饰、胸饰、腰饰，它们无不光灿耀人，这些饰物同样被用在刀上，刀鞘和刀把镏金错银，镶嵌着珊瑚和绿松石，像精美的艺术品。

康区人性格粗犷豪放，刀对于他们来说，主要是战斗的武器，他们爱刀胜过爱牛羊。正因为此，他们不仅对刀本身有较高的要求，对作为衬托武士气概的刀的外在形制也有特殊的喜好。刀鞘材料一般使用黄、白铜或纯银，镶珠嵌宝，正面雕龙画凤，背面线刻卷草，佩在身上起到了美观和威慑的双重作用。

各式各样的藏刀

走遍西藏

选题策划：巨人彩虹书

文字编辑：王心斋

美术编辑：刘晓东

图片提供：视觉中国

北京全景视觉图片有限公司